JN226733

シリーズ〈ことばの認知科学〉

4

ことばと学び

辻 幸夫・菅井三実・佐治伸郎 編集

朝倉書店

編集者

辻　　　幸　夫	慶應義塾大学名誉教授	
菅　井　三　実	兵庫教育大学大学院学校教育研究科 教授	
佐　治　伸　郎	早稲田大学人間科学学術院人間科学部 准教授	

執筆者

菅　井　三　実	兵庫教育大学大学院学校教育研究科
甲　田　直　美	東北大学大学院文学研究科
中　石　ゆうこ	県立広島大学大学教育実践センター
佐　治　伸　郎	早稲田大学人間科学部
白　井　恭　弘	ケースウエスタンリザーブ大学認知科学科
高　野　美由紀	兵庫教育大学大学院学校教育研究科
有　働　眞理子	兵庫教育大学名誉教授
石　坂　郁　代	北里大学医療衛生学部
高　嶋　由布子	国立障害者リハビリテーションセンター研究所

（執筆順）

シリーズ刊行の趣旨

　本シリーズ「ことばの認知科学」(全4巻) は,20世紀に生まれた認知科学における言語研究を踏まえた上で,特に21世紀に入って著しい理論的・実証的研究の飛躍的な展開を概観したものである.第1巻『ことばのやりとり』,第2巻『ことばと心身』,第3巻『社会の中のことば』,第4巻『ことばと学び』という観点でそれぞれまとめられ,各巻8章,シリーズ全体は32章から成り立つ.各章のトピックとなる研究分野において押さえておきたい基礎知識と概要,そして現在の研究課題や今後の展望について書き下ろしている.

　シリーズの特徴は大きく3つある.1つめは人文・社会・自然科学などの関連分野で活躍する35人の専門家が,それぞれの学問的研究成果を携えて,認知科学という学際的観点からの言語研究を解説している点である.2つめは言語の音韻・形態・統語などの静的・構造的問題から,言語のもつ意味やコミュニケーションにおける振る舞いなどの動的・機能的側面についての研究課題を重要視している点である.3つめとしては,伝統的な言語研究の手法であった直感・作例・テキストに頼る言語の定性的な研究手法を受容した上で,21世紀の言語研究の大きな特徴となる,言語の動的な側面と使用者との関連を定量的な手法も用いて解明する研究スタンスを強調していることである.そして言語現象の説明・記述において再現性を考慮した実験・観察および統計的・構成的な手法を試みる方法論的転回も反映したものになっている.

　言語は人間の認知活動の多くの側面に深く関係するため,必然的にいろいろな分野で研究が行われている.学問の多様性を統合する形で生まれた認知科学は,計算論的なアプローチにはじまり,状況性,身体性,相互作用などさまざまな観点を加えて発展してきた.本シリーズではこうした認知科学の展開を見据えて,文系や理系という学問的制度のもつ制約にとらわれることがないように編まれている.

　本書が想定する読者は,ことばに関心をもつ学生から大学院生,特に言語学,

心理学，教育学，自然言語処理，医学，看護学などを専攻する初学者，教育，医療，福祉などに従事する専門家，言語と認知について関心を抱く他分野の専門家や一般読者を想定している．広い観点から，各々の興味の対象となる言語研究に考えを巡らすことができるような「ことばの認知科学」への誘いを目指している．読者1人1人が言語と認知について学問分野の垣根を越えた学際的洞察を得られることができればと編者は願うものである．

編集者　辻　幸夫・菅井三実・佐治伸郎

まえがき

　第4巻は「ことばと学び」というテーマのもと，言語学習や言語獲得に関する8つの章から構成される．ことばはその社会において連綿と受け継がれてきた文化的慣習という側面を含む．そこでその学習・習得の問題を論じるためには社会における教育のあり方や，人間が持つ学習能力の特徴に着目することが不可欠だろう．ことばの教育という点では，教育における思考言語および学習言語や読み書きを扱うほか，特別支援学校の児童生徒に対することばの指導や，大脳に障害を負った人へのリハビリテーションから言語研究との関係も視野に入れる．ことばの学習能力という点では，第一言語習得（母語習得）と第二言語習得を扱うほか，手話言語における習得・学習をめぐる問題についても議論を行う．

　第1章「教育とことば」では，普通教育における思考言語および学習言語としての国語力に焦点があてられる．思考言語は発達心理学の概念であり，学習言語は教育学の概念であるが，人の思考ツールとして運用される点で両者を関連付けながら，外国語学習や国語教育の観点から概観する．第2章「ことばと読み書き」は，眼球運動や手指運動など，身体・認知技能を含む総合的行為としての読み書きに焦点があてられる．「読む」という意味を見出し理解する行為と，「書く」という知覚可能な記号を用いて有機的な表現形を作る行為を学際的な視点から概観する．第3章「バイリンガルと多文化共生」は，複数言語の習得に焦点があてられる．多文化共生の観点からバイリンガルと母語，日本のバイリンガル教育，日本の学校教育における外国人児童生徒等への対応，カナダのバイリンガル教育の動向まで広く概観する．第4章「第一言語習得（母語習得）」は，母語の獲得に焦点があてられる．人間の言語習得を可能にする能力に関する研究を振り返りつつ，統計学習，社会的認知能力，身体性の観点から第一言語の習得を概観する．第5章「第二言語習得」は，外国語の習得を認知科学的に概観する．本章では第二言語習得が立ち上がった学問的背景から

現在のアプローチに至るまでの詳細な概観がなされ，さらに今後の展望として学問的多様性の問題について重要な指摘がなされる．第6章「特別支援教育とことば」は，特別支援教育におけることばの支援に焦点があてられる．学校教育において特別な支援を必要とする児童生徒の特徴のほか，知的障害特別支援学校におけるコミュニケーションの指導や支援，教師によるオノマトペ使用に関する研究を含め広く概観する．第7章「ことばのリハビリテーション」は，ことばの障害に焦点があてられる．大脳における後天的な障害と先天的な障害の両方を視野に入れ，ことばのリハビリテーションという観点から，症状や治療の様子に触れながら言語研究との関係を概観する．第8章「手話の認知科学」は，自然言語としての手話に焦点があてられる．手話に関して社会的に誤解されやすい論点を丁寧に解きながら，手話の起源，情報量，類像性と言語接触等の観点から概観する．

　本巻は，ことばの「教育」「学習」「支援」を広く視野に入れている．本巻の論稿によって，こうした領域に関する背景的な情報と今後の展望が提供され，教育関係者の方や医療関係者の方の一助になれば幸いである．

　2024年8月

　　　　　　　　　　　　編集者　辻　幸夫・菅井三実・佐治伸郎

目　　次

教育とことば

◆キーワード
思考言語，学習言語，外言，内言，自己中心語，共有基底言語能力，論理的思考，
トゥールミンモデル

　本章では，普通教育における思考言語および学習言語としての国語力について，
この順に概観する．言語を介した思考や推論そのものについては第2巻第3章
で取り上げ，特別支援を要する児童生徒については本書の第6章で取り上げるが，
本章では普通教育における思考言語と学習言語について，外国語学習や国語教育
の観点から検討を加える．もともと，思考言語は発達心理学の概念であり，学習
言語は教育学の概念であるが，人の思考ツールとして運用される点で両者は重な
るところもあることから，第3節以降においては複合的な観点から現状と展望を
述べていきたい．

第1部　現在までの流れ

第1節
思考言語の獲得と支援

　思考言語とは，音声や文字を伴わず頭の中で思考のために用いられる言語を
いう．ヴィゴツキー（Lev Vygotsky）の用語では「外言（outer speech）」と「内
言（inner speech）」の対立における「内言」に相当する（Vygotsky, 1934）．
平明にいえば，「外言」はコミュニケーションのための言語であり，「内言」は
思考の道具としての言語をいい，いわゆる独り言も「内言」に含まれる[1]．

　発達心理学では，幼児期の言語的特徴として，集団の中でも独り言を発する
ことが知られており，「自己中心語（egocentric speech）」と呼ばれる．本来

---

1)　「外言」は「外語」「外言語」と呼ばれることもあり，「内言」は「内語」「内言語」と呼ばれるこ
　ともある．また，チョムスキー（Noam Chomsky）が提案した「E言語（external language）」
　と「I言語（internal language）」の区別におけるI言語も生成文法では思考言語とみなされ得るが，
　I言語は生得的に内在された抽象的な言語であって発達的に変容するものではないという点で内
　言とは大きく異なる．

ならば音声化することのない内言を外言のように発話してしまうものである．
他者とのコミュニケーションを意図していないという点では「内言」的であり，
集団の中で音声を伴っているという点では「外言」的でもあり，この時期の子
どもは，内言と外言が未分化な状態にある．

　発達心理学の歴史において，「外言」と「内言」の発達順序および「自己中
心語」の消失に関して，スイスの心理学者ピアジェ（Jean Piaget）とロシア（旧
ソ連）の心理学者ヴィゴツキーの間で見解に対立的な違いがあったことはよく
知られている．ピアジェは内言から外言に移行すると考えたのに対し，ヴィゴ
ツキーは外言から内言に移行すると主張し，現在では，ヴィゴツキーの考えが
受け容れられている．

　まず，ピアジェの考えを理解するのに，幼児の発達に関する「認知発達段階」
と呼ばれる4段階を説明しておきたい（Piaget, 1936）．ピアジェのいう認知発
達段階とは，次の表1.1のように整理されるものをいう．

表1.1　ピアジェの認知発達段階

段階	名称	およその年齢
第1段階	感覚運動期	0〜2歳
第2段階	前操作期	2〜7歳
第3段階	具体的操作期	7〜11歳
第4段階	形式的操作期	11歳以降

　第1段階は感覚運動期（sensori-motor period）と呼ばれ，0〜2歳に相当す
る．この時期の幼児は，手や目や口など身体的な感覚を用いて物事を把握しよ
うとする．第2段階は前操作期（pre-operational period）と呼ばれ，2〜7歳
に相当する．言語やイメージで物事を表現することはできるものの，論理的な
推論はできない．この段階に特徴的なのが「自己中心性」である．第3段階は
具体的操作期（concrete operational period）と呼ばれ，7〜11歳に相当する．
具体的な出来事については論理的に考えることができるほか，保存性の概念や
可逆性の原則を身につける．第4段階は形式的操作期（formal operational pe-
riod）と呼ばれ，11歳から始まるとされる．抽象的な出来事や仮想の出来事に
も対応することができる．ピアジェによれば，前操作期（2〜7歳）の幼児には，
他者の視点を持つことができないという特徴があり，ピアジェは「自己中心性

(egocentrism)」と呼んでいる．ピアジェの考えでは，言語発達は思考の道具としての内言から始まり，発達過程の中で自己中心性を伴って発話されるのが自己中心語であり，自己中心語から自己中心性が消えることによって他者へのコミュニケーションを目的とした外言を使うようになるという．自己中心性を脱し他者の視点を理解できるようになることをピアジェの用語で「脱中心化（decentering）」といい，ピアジェにとって，自己中心語の消失は脱中心化が進んだ結果とみなされる．

　一方，ヴィゴツキーは，ピアジェと逆に，外言から内言へと移行すると主張した．幼児は，まず他者とのコミュニケーションの中で言語的刺激として外言を獲得するという．ところが，幼児は外言として他者に返すことはできないため，獲得した外言は自己へ向けることで思考の道具として内言化が進むが，その際，幼児は黙って考えることができないために「音声を伴う内言」として現れたものが「自己中心語」である．自己中心語の消滅過程については，内言化により外言と分離することによって消滅するというのがヴィゴツキーの見解である．

　ピアジェとヴィゴツキーの考え方の違いは，次の表1.2のように整理できる．

表1.2　ピアジェとヴィゴツキーの比較

	ピアジェ	ヴィゴツキー
獲得の順序	内言→外言	外言→内言
自己中心語の消滅	脱中心化の進行	内言化による外言との分離
コミュニケーションにおける 自己中心語の役割	なし	あり

　3つの項目のうちの「獲得の順序」と「自己中心語の消滅」については上述のとおりであるが，自己中心語がコミュニケーション機能を持つかどうかという点については，ピアジェが自己中心語にコミュニケーション機能がないと否定的に捉えたのに対し，ヴィゴツキーは，自己中心語には欲求の調整や思考の整理といった機能があり，内言を発達させる役割を担うと述べている．

　思考言語としての内言の獲得と関連して，ヴィゴツキーが提唱した概念に「最近接発達領域（zone of proximal development）」がある（「発達の最近接領域」ともいう）．最近接発達領域というのは，子どもが一人で達成できる現在の発

達水準と他者の支援によって達成できる発達水準の差を指す概念であり，平明に言い換えれば，「自分でできる領域」「支援があればできる領域」「支援があってもできない領域」の3つに分けた中の「支援があればできる領域」をいう．「最近接」というのは，「自分一人で達成できる水準までもう少し」と解釈すれば分かりやすいかもしれない．この最近接発達領域を支援することで効果的な成長が期待できるとされる．

　最近接発達領域における学習者への支援を指す概念に「足場かけ（scaffolding）」があり，Wood et al.（1976）によって提案された．文字どおりの「足場かけ」は，工事現場で用いられる即席の台であり（図1.1），それによって普段よりも高いところに立てることに見立てた概念である．発達心理学では，学

図1.1　足場かけ

習者に普段よりも少し上のレベルの達成を経験させるための支援をいう．その際のポイントとして，①学習者が成長するために一時的に与えられるものであり，②学習者が成長した段階で取り払われるべきものとされる．足場かけの平明な例を挙げれば，一人では逆上がりができない子どもがいたとき，誰かが背中を持ち上げるという支援が足場かけにあたり，自力で逆上がりができるようになれば支援は行われないようにすることになる．

　以上が古典的な発達心理学における基本概念の整理であるが，現状を見ると，少年期以降も自己中心語のようなものを発話することはある．例えば，中学校の生徒が問題を解いているとき，それを先生が見守っているような状況において，生徒が「あ，ここで計算を間違えたのか」と一人でつぶやくような場合，それは先生に伝えようとしているわけではない点で「外言」ではなく，すぐそばに他人（先生）がいることが分かっていて発しているという点で「独り言」としての「内言」でもない．このことは，思考言語に関する研究については少

年期以降も視野に入れて行う余地があることを示している.

■ 第 2 節
■ 学習言語の習得と運用

「学習言語（academic language）」とは, 何らかの学習に必要な特有の言語をいい, いわゆる「生活言語」と対をなす概念である. 生活言語が, いわば日常生活に必要な言語であるのに対し, 学習言語は, 学校の中で教科学習のために用いられる言語表現のほか, 学校の外での語学学習のためのメタ言語などをも含むものである.

　生活言語は, 日常の中の具体的な文脈で体験することが可能であり, 具象性の高さや頻度の高さにおいて習得の条件に恵まれている上, 多少の間違いがあってもコミュニケーションの中で解消されることが多い. 生活言語が理解できれば日常生活を営むことは可能であるが, 学校での学習にあたっては, 生活言語だけでなく学習言語が不可欠であり, 例えば, 言語の学習においては「品詞」や「活用」などといった文法用語を理解しなければならない. また, 日本の学校における外国人児童生徒に対する日本語指導では, 生活言語と学習言語を同時に指導する必要があり, ここに多くの労力が払われている.

　では, 学習言語には, どのようなものがあるだろうか. よく知られている学習語彙リストとして, バトラー後藤（2011）による「学習語彙リスト」がある. 教科書コーパスをもとにして作成されたものであり, 教科書に掲載されている語彙に限られるという点では, 最も狭義の学習語彙といってよい. ここに加えるとすれば, 教育の場で用いられる固有の語彙として「ワークシート」「漢字ドリル」「前へ倣え」「課外活動」「登校班」などがあるだろう. さらに範囲を広げれば, 学校での学習に必要な語彙であると同時に生活言語としても用いられるものがあり, 例えば,「起立」「掃除当番」「提出物」などが該当する.

　言語能力という観点からいうと, カミンズ（Cummins, 1979）は「生活言語」と「学習言語」を運用する能力として, それぞれ「生活言語能力（basic inter-personal communicative skills: BICS）」と「学習言語能力（cognitive academic language proficiency: CALP）」という概念を提唱した（この点については第 3 章第 2 節と第 5 章第 2 節も参照されたい）. 生活言語能力（BICS）は日常生活を過ごす言語力であり, 2 年程度で習得されるのに対し, 学習言語能力（CALP）

は学習や勉学に必要な言語力であり，習得に5年から7年以上を要するといわれる．日本語母語話者の場合，生活言語能力（BICS）は10歳ぐらいまでに完成するという[2]．

　その上で，人が第一言語に続いて第二言語を習得するとき，習得される2つの言語能力がどのように影響し合うかという点でCummins（1979）は2つのモデルを提唱した．第1は「分離基底言語能力モデル（separate underlying proficiency model）」であり，2つの言語能力は別々に機能し，一方の言語能力が高まれば他方が低くなるというものをいう．いわゆる「風船の喩え（balloon metaphor）」でいうと，全体としての容量が限られているという前提で，第一言語という風船が大きくなれば第二言語という風船が小さくなるという関係である．第2は「共有基底言語能力モデル（common underlying proficiency model）」であり，2つの言語能力には共通する部分があり，その共通部分を「共有基底言語能力（common underlying proficiency: CUP）」という．たとえるなら，2つの言語能力は，海に浮かぶ氷山のように表面的には別物のように見えるものの，海の底では共有されている部分があるという考え方で，「氷山説（iceberg model）」とも呼ばれる（図1.2）．

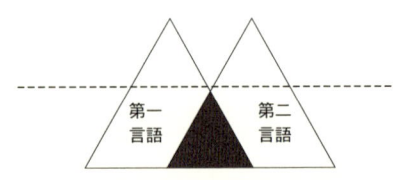

図1.2　共有基底言語能力モデル

　Cummins and Swain（1986: 83）によると，深層部分においては第一言語と第二言語の間で概念形成や語用論的知識などに共通するところがあり，第一言語で習得した知識が第二言語にも発動されることがあるという．

2）「学習言語能力（cognitive academic language proficiency）」を直訳すれば「認知学術的言語能力」となり，「生活言語能力（basic interpersonal communicative skills）」を直訳すれば「基礎的対人伝達スキル」となるが，「学習言語」および「生活言語」との関連が透明になるように，それぞれ「学習言語能力」および「生活言語能力」と呼ばれることが多い．なお，ここで触れた「生活言語能力（BICS）」および「学習言語能力（CALP）」のほか，カミンズの理論については第3章でも詳説されている．

　この氷山説との関係で提唱されたのがCummins（1979）の「言語相互依存仮説（linguistic interdependent hypothesis）」である．言語相互依存仮説は，第一言語として習得された学習言語能力は部分的に第二言語に転移され，第一言語と第二言語の間で相互に依存するという考えをいう．ただし，一方の生活言語能力については，言語間で転移されず，第一言語と第二言語の間で独立しているとされる．実際，学習言語能力の相互依存でいえば，例えば，日本語母語話者が第二言語として英語を学習する中で，日本語（母語）における品詞の概念を英語における品詞の理解に役立てることはあるだろうし，逆向きに，英語における能動態と受動態の関係から日本語の受動表現（受け身）を理解し直すこともあるだろう．しかしながら，生活言語能力に依存関係は認められず，英語の日常会話が上達したからといって日本語での日常会話まで上達するわけではない．

　1990年代に入り，Cummins（1996）は，生活言語能力と学習言語能力の2分類を3分類に改めた．すなわち，「会話の流暢度（conversational fluency: CF）」「弁別的言語能力（discrete language skills: DLS）」「教科学習言語能力（academic language proficiency: ALP）」の3つである．会話の流暢度（CF）は生活言語能力（BICS）に相当し，教科学習言語能力（ALP）は学習言語能力（CALP）に相当する．弁別的言語能力（DLS）は，特に言語学習における表記，語彙，文法，音韻など個別の知識を指し，この領域で第一言語と第二言語の相互依存が大きいとされる．

　ここまでを整理すると，次の表1.3のようになる．

表1.3　生活言語と学習言語の対照

	生活言語	学習言語
言語能力の2分類	生活言語能力（BICS）	学習言語能力（CALP）
言語能力の3分類	会話の流暢度（CF）	教科学習言語能力（ALP） 弁別的言語能力（DLS）
習得所要年数	2年程度	5〜7年
言語相互依存	転移なし[3]	転移あり

---

3)　ただし，生活言語において言語相互依存が全くないというわけではなく，学習言語に比して転移の影響は小さいと理解するのが適当であろう．

　このような対照から見ると，生活言語と学習言語は，やはり異なるものであり，組織的な学習には学習言語の獲得が必要であり，学習言語能力の不足が学校での学習に支障をきたす原因の1つになっていることも首肯できる．

　最後に，言語相互依存仮説とあわせて提唱された「閾値仮説（threshold hypothesis）」に触れておきたい[4]．閾値仮説は，バイリンガルにおける2つの言語の習熟度と認知的発達の関係についての仮説で，それぞれの言語の習熟度が年齢相当のレベルにあるかどうかによって，認知的発達にプラスの影響を与えるかマイナスの影響を与えるかをモデル化したものをいう．閾値仮説は，表1.4のように，バイリンガリズムの習得段階を3つの段階に分け，それを3階建ての家屋にたとえた上で，1階と2階の間，2階と3階の間に「敷居」を想定することによって習得段階を図式的に説明しようとするものである．

表1.4　閾値仮説の3段階

段階	習熟のレベル	認知的発達への影響
3階	バランスバイリンガル （両方の言語が年齢相当のレベルにある）	プラス
2階	ドミナントバイリンガル （一方の言語だけ年齢相当のレベルにある）	影響なし
1階	ダブルリミテッドバイリンガル （いずれの言語も年齢相当のレベルにない）	マイナス

　1階は「ダブルリミテッドバイリンガル」であり，いずれの言語も年齢相当のレベルにないとき，この状態は認知的発達にマイナスの影響を及ぼすとされる．2階への「敷居」を超えることによって，2階の「ドミナントバイリンガル」の段階になる．この段階は，一方の言語が優勢的に年齢相当のレベルに達しており，認知的発達にはプラスの影響もマイナスの影響もないとされる．3階は「バランスバイリンガル」であり，両方の言語が年齢相当のレベルに達しており，認知的発達にプラスの影響を及ぼすとされる．閾値仮説は，「複数の言語を習得することは発達にとってよいことなのかよくないことなのか」という問いに

---

4)　閾値仮説（threshold hypothesis）に関しては，第3章第2節も参照されたい．

答えたものともいえる[5].

　以上, 第2節では第二言語習得の環境下で学習言語を概観した. 学習言語は, 学習のための言語的ツールであると同時に, 理解を深めるための思考言語でもあり, むしろ両者を一体的に「学習思考言語」と捉える方が実態に合っているといえる. 次の第3節では, 母語教育の環境下で学習思考言語の実際を把握したい.

第3節
学校教育における学習思考言語

　ここでは, 前半で外国語環境下の学習言語を扱い, 後半で母語環境下の学習言語を取り上げる.

　まず, 外国語環境における小学校での学習を考えてみたい. 例えば, 小学校での算数の場合, 母語環境であれば字面から意味が推測できるものであっても, 外国語環境の場合は用語そのものを覚えることすら負担になることがある. 具体的には, triangle（三角形）, square（正方形）, rectangle（長方形）, pentagon（五角形）, hexagon（六角形）, trapezoid（台形）, diamond（菱形）などのうち, 一般に比較的馴染みのあるのは, triangle（三角形）と diamond（菱形）くらいであろうか. このほか, side（辺）, right angle（直角）, acute angle（鋭角）, obtuse angle（鈍角）, equilateral triangle（正三角形）, isosceles triangle（二等辺三角形）, right triangle（直角三角形）, circle（円）, semicircle（半円）, oval（楕円）, あるいは, pie chart（円グラフ）や bar chart（棒グラフ）などといった用語も, 概念そのものの理解は難しくなくても, 用語を覚えるのに負担を感じることもあるだろう. また, 足し算, 引き算, かけ算, 割り算といった簡単な計算式を読むのに, Two plus three equals five $(2+3=5)$, Five minus two equals three $(5-2=3)$, Two multiplied by three equals six $(2\times3=6)$, Ten divided by three equals three with a remainder of one （10

---

5)　「バイリンガル（bilingual）」と「バイリンガリズム（bilingualism）」は異なる概念であり,「バイリンガル」が「二言語併用者」としての「人」を指す用語なのに対して,「バイリンガリズム」は「二言語併用の状態」あるいは「二言語併用の能力」という抽象的な意味で用いられる.「バイリンガル」も「バイリンガリズム」も個人レベルの概念であるが, 社会レベルで二言語併用の状態を「ダイグロシア（diglossia）」という. バイリンガルの詳細は第3章を参照.

÷3＝3 余り1）のような英語を覚えなければならない．このほか，負の数を いうのに Negative two plus three equals one（−2＋3＝1）のように negative を使ったり，小数（decimal）をいうのに one point zero three（1.03）のよう な表現を覚えたりしなければならず，分数（fraction）は two-fifth（5分の2） のように分母に序数を使うことになる．

社会科の場合，著名な歴代大統領や，Christopher Columbus（航海者コロ ンブス），Thomas Edison（発明王エジソン），Martin Luther King Jr.（キン グ牧師）などの重要人物のほか，the Boston Tea Party（ボストンティーパー ティー）や gold rush（ゴールドラッシュ）といった歴史的な事柄を学習するが， 母語話者ならば日常生活の中で耳にした経験を持つ語も多いのに対し，日本で 育った児童生徒にとっては一度も聞いたことがないものも多く，この点で母語 話者と経験値に差がついていることになる．また，the legislative branch（立 法），the executive branch（行政），the judicial branch（司法）のような用 語は，母語でも難しく感じる概念であるので，語と概念の両方を外国語環境で 学習することは大きな負担になると予想される．逆に，日本の小学校児童にとっ て「聖徳太子」「源頼朝」「織田信長」「伊藤博文」「福沢諭吉」などは日常生活 の中で聞いた覚えのある名前であろうが，外国人児童にとっては難しく感じら れることであろう．

このような事情を見ると，ある程度は日常生活での英語ができるという人に とっても，小学校レベルの数字や数式に関しては，改めて知識として身につけ る必要がある．日本語学習者にとっても事情は同様であり，日常生活に不自由 しない程度の日本語力がある場合でも，日本の学校で授業を受けようとすれば， 日本語話者が英語による数式を理解するのと同じような困難を感じることは想 像に難くない．こうした事情を踏まえ，日本語学習は，大きく「一般日本語 （Japanese for general purposes: JGP）」と「目的別日本語（Japanese for spe-cific purposes: JSP）」に大別されている．前者は特に学習の目的を特定しない 一般的な日本語学習を指すのに対し，後者は，個別の目的のために教育内容が 特化された日本語学習をいうが，両者には，当然ながら重複する部分も多い． 目的別日本語（JSP）について，佐野（2009）は，「専門別日本語（Japanese for academic purposes: JAP）」「職業別日本語（Japanese for occupational purposes: JOP）」「生活者のための日本語」の3つに下位分類した．1つ目の「専門別日本語（JAP）」は，いわゆる「アカデミック日本語」であり，大学院生や研究職として必要な日本語をいうが，佐野（2009）は児童生徒のための日本語は JAP に含まれないという．2つ目の「職業別日本語（JOP）」は，職業に応じて，医学日本語，法律日本語，看護日本語，介護日本語などに下位分類可能であるが，そのうち典型的なものに「ビジネス日本語（Japanese for business purposes: JBP）」や「科学技術日本語（Japanese for science and technology）」がある．3つ目の「生活者のための日本語」の対象になるのは，定住者のほか駐在員の配偶者や研究者の配偶者などのグループがあるという．

　では，母語環境下の学習言語には，どのような問題があるだろうか．本章の冒頭で触れたように，思考言語と学習言語は重複するところがあり，学習思考言語という用語も見られる．以下では，学習言語と思考言語を複合的に捉えることで，学校教育の文脈で検討を加える．そもそも，学習という営みと思考は切り離せないものであり，学習言語と思考言語に重複するところがあるのも当然のことといえる．日本の国語教育の中で，比較的早い時期から論理的思考力の重要性を唱えた研究に井上（1976, 1977）があり，この中で，論理的思考力を高めるための方法論として注目される「トゥールミンモデル」を紹介している．トゥールミンモデルとは，英国の哲学者トゥールミン（Stephen Toulmin）が提唱した論理モデルであり，Toulmin（1958）の用語では「主張（claim）」「事実（data）」「論拠（warrant）」を主要な構成要素とする分析モデルをいう．「主張」は自分の意見であり，「事実」は「主張」を裏づけるデータであり，主張の妥当性を高める．「論拠」は，「主張」と「事実」の関係性を明らかにする．次の例で説明しよう．

　主張　十分に水分を摂りなさい．
　事実　今日は気温が上がり，最高気温が 38℃ と予想されている．
　論拠　気温が体温を超えると熱中症による命のリスクが大きくなる．

　今，「十分に水分を摂りなさい」と主張したとしても，それだけでは説得力は乏しい．ここに「今日は気温が上がり，最高気温が 38℃ と予想されている」という事実があれば，「事実」が「主張」を裏づける関係ができる．それでも，

この主張が他者から認められるとは限らない．そこで，「気温が体温を超えると熱中症による命のリスクが大きくなる」という「論拠」を挙げることによって，「主張」と「事実」が論理的に強く関係づけられることになる．

　「主張」「事実」「論拠」の3つの要素は，次の図1.3のような「三角ロジック」をなすとされる．

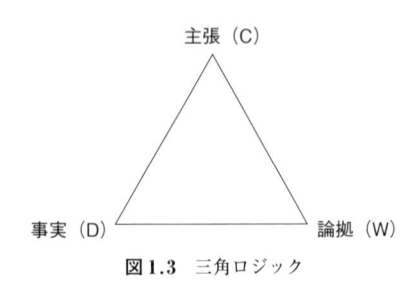

図1.3　三角ロジック

　この三角ロジックは，「主張」「事実」「論拠」の3つがいずれも不可欠な要素であることを示しており，3つの要素が揃って初めて論理として安定することを象徴的に表したものとされる．

　トゥールミンモデルでは，「主張」「事実」「論拠」を基本的な構成要素としつつ，より論理を強固なものにするため，「裏づけ（backing）」「限定詞（qualifier）」「反証（rebuttal）」という3つの構成要素が用意されている．「裏づけ」というのは，論拠を支持する知見や言説あるいは一般的原則など，論拠の信憑性を高める情報を指す．上掲の例でいうと「気温が体温を超えると熱中症による命のリスクが大きくなる」という論拠に加える形で，「発汗量が増えて体内の水分が減少すると，発汗も止まり，体温が上昇して熱中症になる」という情報が「裏づけ」に該当する．「限定詞」は，主張が「どの程度」まで正しいかを示す情報をいう．上掲の例でいうと「十分に水分を摂りなさい」という主張に対して，水分を摂るだけで熱中症を予防できるとは限らないことから，例えば，「水分補給だけでは不十分であり，涼しい場所にいることや塩分補給も必要」という情報が「限定詞」に該当する．「反証」は，主張の例外性を認めつつ，適用の範囲を限定する情報である．上掲の例でいうと，水分なら何でもよいというわけではなく，「アルコール飲料は尿の量を増やして体内の水分を排泄し

てしまうため水分補給にはならない」のような情報が「反証」に該当する．トゥールミンモデルにおいて6つの構成要素がすべて揃っている状態を「プリマファキエ（prima facie）」という．ラテン語の直訳では「一見して」あるいは「見た目に」のような意味ではあるが，ここでの意味としては，およそ「反証されない限り証拠を必要としないほど明白」であることを表す．上掲の例に当てはめると，「今日は気温が上がり，最高気温が38℃と予想されている（事実）から，十分に水分を摂りなさい（主張）．気温が体温を超えると熱中症による命のリスクが大きくなる（論拠）からであり，補足すれば，発汗量が増えて体内の水分が減少すると，発汗も止まり，体温が上昇して熱中症になる（裏づけ）からである．ただし，アルコール飲料は尿の量を増やして体内の水分を排泄してしまうため水分補給にはならない（反証）．なお，水分補給だけでは不十分であり，涼しい場所にいることや塩分補給も必要（限定詞）である」となり，6つの構成要素がすべて揃っている点でプリマファキエであり，その限りにおいて，論理は完結しているということになる[6]．

　上で紹介したトゥールミンモデルは読解（理解）のための枠組みであったが，一方で，授業での発言（産出）の場面において，ある種のメタ表現が学習言語，思考言語として用いられる．具体的には，児童の発言を論理的なものとするための手法として，次のようなパターンが学校現場で用いられる．

(1)「私は○○だと思います．なぜなら，□□だからです．」
(2)「AとBを比べてみると，Aは○○です．
　　それに対してBは□□です．」
(3)「AとBとが似ているところは○○です．
　　一方，違うところは□□です．」
(4)「これは○○のときに認められます．

---

6)　「プリマファキエ」はラテン語式の読みであり，英語式には「プライマフェイシア」となり，日本では英語式に読まれることも多い．トゥールミンモデルに関しては，原著Toulmin (1958) の増補版にあたるToulmin (2003) には邦訳がある．また，Toulmin et al. (1979) では「事実 (D)」という用語から「根拠 (ground)」という用語に変更され，Toulmin (2001) では「裏づけ」が削除されている．なお，トゥールミンモデルを用いた小学校での論理的な読解授業の実践例に大江 (2012) がある．

ただし□□のときには△△です.」

(5)「私の調べた限りでは○○です.

　もしかすると, □□の可能性もあります.」

　(1)〜(5) は, 井上 (2012：179-180) を参考にしつつ表記を整えたものであるが, 特に小学校において目的に合わせた様々な表現が用いられる. これらは学校教育において「話型」と呼ばれ, 基礎的で必須とされるものは教室に掲示されることもある. (1) は, 自分の意見をいうとき, ただ意見だけをいうのではなく, 理由を付け加えることを支援するものである. (2) は, 2つのものを比較するとき, 両者を明示的に対照することを支援するものである. (3) は, 2つのものに対して共通点と相違点を区別して示すことを支援するものである. (4) は, 自分の考えに条件を設定するもので, 自分の考えが成り立つ場合と成り立たない場合を分けることで, 自分の考えの有効性を高めることを支援する. (5) は, 自分の主張が完全でなく, 別の可能性があることを率直に認めることを支援している. これらは, 学校において児童生徒が自己の思考を整理し, 言語化することを支援するためのツールとして用いられている. ただ漫然と感覚的に発言するのではなく, 理由や根拠を見つけながら考えることを支援する効果が期待されている.

‖‖‖‖‖‖‖‖‖‖‖‖‖‖‖　**第2部　今後の展望**　‖‖‖‖‖‖‖‖‖‖‖‖‖‖‖

第4節
母語教育環境における今後の展望

　本節では, 21世紀に登場し, 世界各国で注目されつつある STEAM 教育を取り上げ, その枠組みに沿って, 母語教育環境における学習思考言語の可能性を探る.

　STEAM 教育とは, science (科学), technology (技術), engineering (工学), arts (芸術), mathematics (数学) の5つの語の頭文字を組み合わせた造語であり, これらの領域を統合した新しい教育法をいう. STEAM 教育は, 2001年に「STEM 教育」として誕生したもので, 後に A (芸術, 教養) が追加される形で STEAM という5領域になった. STEAM 教育は, そもそも理系の

学問領域が中核に置かれているものの，理念としては，文理の枠を超えて教科横断的なアプローチによって実社会における問題解決の方法を学ぶところに要諦がある．5つの領域の関係を Yakman（2008: 348）の表現で整理すると，Science and Technology, interpreted through Engineering and the Arts, all based in a language of Mathematics（科学と技術が，工学と芸術によって解釈され，そのすべての基盤に数学がある）ということになるが，平明に言い換えると，「自然現象や科学技術に対して，ものづくりや一般教養の観点から分析し，数学的な思考で考える」といってよいだろう．STEAM 教育は，もともと理数系科目の強化を図ったものではあるが，科学的思考，論理的思考を発動する点では国語科や社会科といった人文社会学系の教科でも変わるものではなく，そのような人文社会学系の教科への応用の試みとして，以下では「転義」と「背理法」の 2 つを取り上げる．

　1 つ目の「転義（trope）」というのは，文字どおりの意味から別の意味に変わることであり，大きく，隠喩（類似関係に基づく転義），換喩（隣接関係に基づく転義），提喩（上位と下位の関係に基づく転義）に大別される．このうち，「換喩（metonymy）」は空間的隣接関係に基づくものと時間的隣接関係に基づくものがあり，ここでは時間的隣接関係に基づくもの，すなわち時間的前後関係または同時関係に基づく転義を取り上げる．次の例を見てもらいたい．

（6）トイレに行きたくなった．
（7）祖父は朝早くから畑に行っている．

　（6）は，単に「トイレ」への移動を望んでいるという意味ではなく，実質的に，「トイレ」に行った後の行為を指している．同様に，（7）も，単に「畑」への移動を指しているのではなく，その「畑」への移動後の行為として，畑仕事（農作業）と解釈される．このとき「（トイレや畑に行ったら）それから何をするのか」というフレーズを思考言語としてサーチするよう指導することで，時間的に継続する事象への転義を見つけやすくなることが期待できる．具体的に，時間的な転義の応用が考えられる表現として次のような例がある．

（8）「おとうといっしょに海に出るんだ．」

(8) は, 『海の命』という小学校 6 年生対象の文学教材の中で主人公の少年が発話したものであるが, (6) や (7) のような事例で転義の練習を重ねていれば, 「海」に出て何をするかを考えることで直接的には「漁をする」という意味を導き出すことが支援され, その「漁」という行為が一度きりの活動ではなく生活の一部になっていくところまで理解できれば, 最終的に「漁師になる」という意味を論理的に導き出すことが期待できる.

同様のことは, 次の例でもいえる.

(9) 廊下から足音が聞こえた.

(10) 夜遅くまで部屋に電気がついていた.

(9) は, 聴覚的に「足音」が聞こえたというだけでなく, その原因として「誰かが歩いている」という同時的な事象を指していると解釈される. 同様に, (10) も, 単に「電気」を消し忘れたという意味ではなく, およそ「夜遅くまで起きて何かをしている」という同時的な事象を指しているものと解釈される. このような同時的に生起する事象への転義の応用が考えられる表現として次のような例がある.

(11) ミシンの音がしばらくやみました.

(12) ミシンの音がまたいそがしく始まったとき, ……

(11) と (12) は, 『一つの花』という小学校 4 年生対象の文学教材の中の場面描写であるが, (9) や (10) のような事例で転義の練習を重ねておけば, (11) や (12) に対して, それぞれ「ミシン仕事を止めた」や「ミシン仕事を始めた」のような意味に転義しているという解釈が支援される.

ここに挙げた (8) や (11) (12) のようなケースにおいて, 学校教育における国語科の授業では, しばしば「想像力」を使って考えるように指導されるが, 転義を導くのに必要なのは「想像力」ではなく, 理性的な「推論」であって, 思考言語として, 「○○した後に何をするだろうか」あるいは「○○が起きているとき同時に何が起きているだろうか」という転義を導くフレーズによって推論の支援が期待できる.

もう 1 つの「背理法」は, 非存在や否定を証明する論法である. 背理法は,

Pという命題の否定を証明するのに，まずPが成り立つと仮定し，そう仮定することで矛盾が起こることを導いて，結果的にPが成り立たないことを証明するものである．「何かが存在すること」を証明するには実物を例示すれば可能であるのに対し，「何かが存在しないこと」の証明は技術的に難しいものがあるので，背理法は非存在を証明するのに利用できる点に大きなメリットがある．背理法の論法は，およそ次の図1.4のように図式化できる．

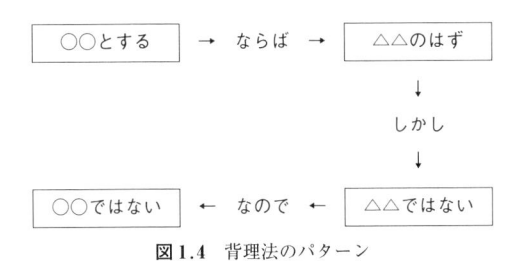

図1.4　背理法のパターン

　ここで挙げた「もし○○であるとすると」「△△になるはずであるが」「実際は△△ではないので」「やはり○○ではない」というフレーズが，思考言語として背理法の運用を支援すると同時に，背理法という論証方法を身につけるという点で学習言語としても機能することになる．理論物理学者のスティーヴン・ホーキング博士が挙げた簡単な事例でいうと，「タイムマシーンがある」とするならば「未来の人が現在に来られるはず」であるが，「未来から現在に来た人はいない」し，少なくとも確認できないので，その限りにおいて「タイムマシーンがある」という仮定は否定されることになる．

　小学校での学習事例を1つ挙げると，小学校4年生の国語科に『ごんぎつね』という文学教材があり，「ごん」という名で擬人化された狐が自分のいたずらを反省して，人間の家屋に栗を届ける様子が描かれている．このとき，「ごんは自分が栗を届けたことを気づいてほしかったのか」という問いを立てたとする．もし，住人に気づいてほしいと思っていたなら，自分が置いていったと分かるように置いていくだろうと推論できる．ところが，本文の記述では「こっそり置いていった」とあり，この「こっそり置いていった」という記述から，その原因を推論して「気づいてほしくない」という解釈を導き出すことができ

る．これが背理法による帰結であり，その思考過程は次の図1.5のように表示できる．

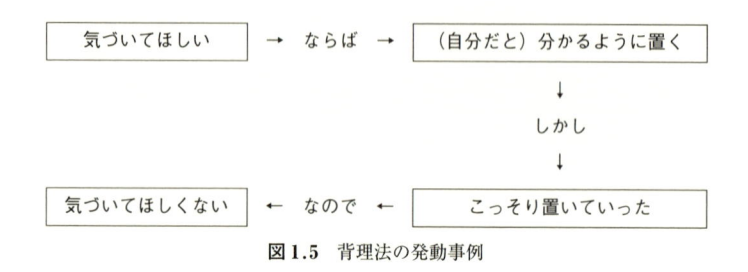

図1.5　背理法の発動事例

　もちろん，文学作品の読解を数学的な思考だけで確定させることに不安もあるだろう．そこでポイントになるのが，S・T・E・A・M の中の A（一般教養）であり，認知言語学でいう広義の「百科事典的知識（encyclopedic knowledge）」にあたる．およそ，物語の中の登場人物というものは，（物語の中で擬人化された動植物や無生物を含めて）固有のキャラクターが設定されているものであるから，この物語の中で，「ごん」という狐が一貫して「意地っ張り」というキャラクターを持っていたとすれば，「（必ずしも）気づいてほしくない」という結論が導かれたとき，この結論は納得できるものと思われる．このように，国語科の読解にあたって，単なる直感や想像力でなく，理性的な推論を用いる点でSTEAM教育的な手法は，認知科学との親和性が高いといえる．

　本節で紹介した転義や背理法の運用は1つの事例にすぎないが，STEAM教育の文脈では，今後は国語教育にも論理的思考，科学的思考の積極的な導入と活用が視野に入るであろう．転義や数学的な背理法といった新しい思考ツールが国語教育に援用されるようになるとすれば，その習得や活用に際して，どのような「学習思考言語」を用いるかが1つの鍵になると思われる．

推薦図書

　第1節で取り上げたヴィゴツキー心理学について，概説書としては『ヴィゴツキー入門』(柴田，2006）があり，もう少し深めたい人には，『ヴィゴーツキー心理学完全読本—「最近接発達の領域」と「内言」の概念を読み解く』(中村，2004）がある．第2節で取り上げた学習言語については，カミンズとの共著もある中島和子氏による『完全改訂版 バイリンガル教育の方法—12歳までに親と教師ができること』(中島，2016）がよくまとめられているほか，

母語教育環境では『算数文章題が解けない子どもたち―ことば・思考の力と学力不振』（今井ほか，2022）がある．また，第3節で取り上げたトゥールミンモデルを実際にどのように使うかについては，『新版 議論のレッスン』（福澤，2018）で，具体的かつ平明に解説されている．

文　献

バトラー後藤裕子（2011）『学習言語とは何か―教科学習に必要な言語能力』三省堂.

Cummins, J.（1979）Linguistic interdependence and the educational development of bilingual children. *Review of Educational Research* **49**: 222-251.

Cummins, J.（1996）*Negotiating Identities: Education for Empowerment in a Diverse Society*, California Assn for Bilingual Education.

Cummins, J. and Swain, M.（1986）*Bilingualism in Education: Aspects of Theory, Research and Practice*, Cambridge University Press.

福澤一吉（2018）『新版 議論のレッスン』NHK出版.

今井むつみほか（2022）『算数文章題が解けない子どもたち―ことば・思考の力と学力不振』岩波書店.

井上尚美（1976）「トゥールミンの「論証モデル」について」『東京学芸大学紀要 第2部門 人文科学』第27集：151-160.

井上尚美（1977）『言語論理教育入門―国語科における思考』明治図書.

井上尚美（2012）「言語論理教育の目指すもの」井上尚美ほか（編）『論理的思考を鍛える国語科授業方略 小学校編』pp. 174-184，渓水社.

中島和子（2016）『完全改訂版 バイリンガル教育の方法―12歳までに親と教師ができること』アルク.

中村和夫（2004）『ヴィゴーツキー心理学完全読本―「最近接発達の領域」と「内言」の概念を読み解く』新読書社.

大江実代子（2012）「論理的思考力を育てる文学的文章の学習指導」井上尚美ほか（編）『論理的思考を鍛える国語科授業方略 小学校編』pp. 159-171，渓水社.

Piaget, J.（1936）*La Naissance de l'intelligence chez l'enfant*, Delachaux et Niestlé.［谷村覚・浜田寿美男（訳）（1978）『知能の誕生』ミネルヴァ書房.］

佐野ひろみ（2009）「目的別日本語教育再考」『専門日本語教育研究』**11**：9-14.

柴田義松（2006）『ヴィゴツキー入門』子どもの未来社.

菅井三実（2015）『人はことばをどう学ぶか―国語教師のための言語科学入門』くろしお出版.

Toulmin, S. E.（1958）*The Uses of Argument*, Cambridge University Press.

Toulmin, S. E.（2001）*Return to Reason*, Harvard University Press.

Toulmin, S. E.（2003）*The Uses of Argument*, Updated edition, Cambridge University Press.［戸田山和久・福澤一吉（訳）（2011）『議論の技法―トゥールミンモデルの原点』東京図書.］

Toulmin, S. E. et al.（1979）*An Introduction to Reasoning*, MacMillan Publishing Company.

Vygotsky, L. S.（1934）*Myshlenie i rech'*, Sotsekgiz.［ヴィゴツキー，L. S.（著），柴田義松（訳）

（2001）『思考と言語 新訳版』新読書社.］

Wood, D. J. et al. (1976) The role of tutoring in problem solving. *Journal of Child Psychology and Psychiatry* **17**(2): 89-100.

Yakman, G. (2008) "STEAM Education: an overview of creating a model of integrative education," *Proceedings of Pupil's Attitudes towards Technology (PATT-19) conference*, pp. 335-358, Salt Lake City, UT.

コラム　国語教育の目標

国語教育における思考言語・学習言語に関連して，日本における国語教育の特異な点を挙げておきたい．日本における国語教育の大きな特徴として，文学教材の読解において「想像による心情の理解」に重点が置かれる点が挙げられる．小学校学習指導要領（平成 29（2017）年告示）において，国語科の目標は次のようになっており，この中に「想像力」という用語が見られる．

言葉による見方・考え方を働かせ，言語活動を通して，国語で正確に理解し適切に表現する資質・能力を次のとおり育成することを目指す．
(1) 日常生活に必要な国語について，その特質を理解し適切に使うことができるようにする．
(2) 日常生活における人との関わりの中で伝え合う力を高め，思考力や想像力を養う．
(3) 言葉がもつよさを認識するとともに，言語感覚を養い，国語の大切さを自覚し，国語を尊重してその能力の向上を図る態度を養う．

これが学習指導要領（平成 29 年告示）で定められた全学年共通の国語科の目標である．ここから分かるように，現状の国語教育は，「ことばの教育」という一般的な領域を超えて，「想像力」を豊かにすることまでを含む点について，国語教育の関係者以外の人には意外な現実と感じられるかもしれない．それでも，学校社会においては，小学校の国語科授業で「気持ち」を「想像」することに大きな比重が置かれているのが実態であり，全国的に広く観察される国語科の特徴ともいえる．全人的な教育という観点からいえば，「想像力」という感性を豊かにすること自体に異論はないものの，「想像力」を国語教育という教科学習の中でどのように位置づけるかという点については様々な分野の研究者が関心を寄せてよい問題かと思われる．

コラム　思考言語としてのテンプレート

　第3節の 13 〜 14 ページに挙げた（1）〜（5）の話型は，形態的に 1 つの文または 2 つの文という短いパターンであったが，ある程度まとまった長さを持つパターンは，学校だけでなく社会人にとっても有効性が期待できる．まず，次の例を参照されたい．

- (i) バターとマーガリンは，ともに薄い黄色でパンに塗って食べる点で共通するが，バターが牛乳から作られるのに対し，マーガリンは植物性の脂肪を主成分とする点に違いがある．
- (ii) 江戸幕府と室町幕府は，どちらも征夷大将軍を最高権力者とする武家政権という点で共通するが，江戸幕府は江戸で徳川家が将軍職を世襲したのに対し，室町幕府は京で足利家が将軍職を世襲したところに違いがある．

　これらの事例から，およそ次のような一般形を導き出すことができる．

- (iii) 　A　と　B　は，ともに　共通点　という点で共通するが，A が□□であるのに対し，　B が△△　という点に違いがある．

　このような一般形は，菅井（2015）で「テンプレート」という名称で提案されたものであり，思考言語としての機能を担うものといえる．（iii）についていえば，2 つの事物の共通点と相違点を明瞭に示すことを支援するものであり，何らかの共通点を持つ 2 つの対象（A と B）を設定するところから始め，両者の共通点を空欄（スロット）に書き込んだ上で，A と B の差異を探し，それぞれの空欄に書き込めば，A と B の異同を論理的に整理することができる．小学校では，例えば，電池の「直列」と「並列」を対照させるときなどに利用できるほか，社会人になっても 2 つのものの異同を説明するのに利用でき，生涯にわたって汎用性が期待できる．

ことばと読み書き

◆ キーワード
文脈，記憶，推論，バイアス，メタ認知

　読み書きとは，その名のとおり，文字や文章を読むことと書くことである．「読む」ことは，表記された文字と音韻表象とを結びつけることに加え，意味を見出し，理解する行為をも含む．この点で，理解全般と関わる行為である．知覚可能な記号を用いてことばを「書く」ことには，単に言語記号を書くだけではなく，語や文，文章などの単位を構成する言語規則に見合った表現形にすることが求められる．読み書きは眼球運動や手指運動をはじめ，多くの身体・認知技能が協調して用いられる総合的行為である．

第1部　現在までの流れ

第1節
読み書きと認知

　ことばの理解には認知能力が大きく関わっている．ことばの単位には語，文，文章などがあるが，いずれの単位の読み書きにも認知能力が関わっている．
　図 2.1，2.2 の中央の文字は何と書いてあるだろうか．
　図 2.1 の中央は図形としては同一の形状(13)だが，横から読むと数字の「13」，縦から読むとアルファベットの "B" のように見える．図 2.2 は単語 the, cat からトップダウン的にそれぞれ文字 H, A として読まれる．このように同じ形状

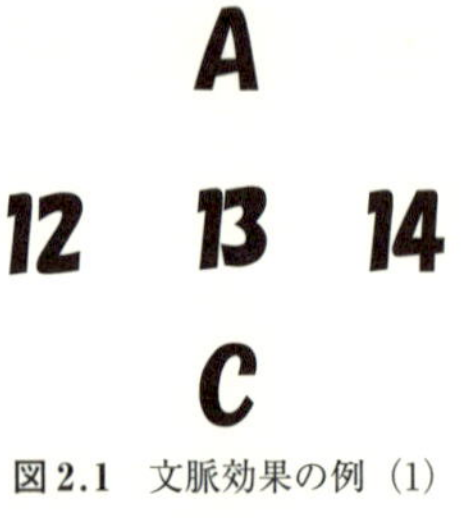

A

12　13　14

C

THE CAT

図 2.1　文脈効果の例（1） 　　　　　図 2.2　文脈効果の例（2）（Selfridge, 1955）

であっても置かれる状況に合うように解釈されるため，文脈効果と呼ばれる．文字の知覚は文脈に影響される．

(1) の単語のリストを読み，その後で（単語を見ずに）何が書いてあったか思い出してみよう．

(1) エスカレーター，段々，のぼる，梯子，長い，石段，上がる，しんどい，
　　　すべる，手すり，疲れる，2階，降りる，坂，きつい（宮地・山，2002）

覚えた単語のリストに「階段」という単語はあっただろうか．(1) の単語リストでは実際にはない「階段」という単語を多くの人が思い出してしまうという．階段と関連が深い語が並んでいるため，その語があったはずだと思い込んでしまうのである．これは虚記憶（false memory）の例であり，見ていない事象が記憶に入り込んでくるというものである．事件や事故の目撃証言に虚偽の記憶が混入してしまう可能性が指摘されている（Loftus, 1979, 1997）．

読むことには，補完や予測などの主体的認知が働いている．以下では，読むことに関わる認知能力について，作動記憶（ワーキングメモリ）と推論（甲田，2009，2016b）について紹介する．

例 (2) の「キシャ」は漢字でどう書くだろうか．

(2) キシャのキシャがキシャする前に電話してください．

「キシャ」は3回登場するが，同音異義語「キシャ」の意味がすぐに同定できないように，わざとカタカナで書かれている．答えの例としては「貴社の記者が帰社する……」である（その他「喜捨する」などもあり得る）．1つの決定の仕方は「キシャする」と動詞になっている3番目の意味を「帰社する」と決定し，その後で1番目と2番目を「貴社の記者」とするものである．このとき，3番目の動詞を決定するまで前の部分の意味を曖昧なまま保持しておく必要がある．多義語の解釈では，曖昧さを解消するまで複数の意味の可能性を覚えておく必要がある．

読む行為には，読み手がことばを受け取り，それを解釈する過程が含まれている．(2) の例では，文脈全体の解釈が意味の決定に影響を及ぼしていた．以下に紹介するように，読む行為には人間の記憶や注意などの多くの認知機能が

関わっている.

　一定の長さの文章を読む行為は（「聞く」という行為も同様であるが），読み進める過程で出てきた言葉を心に留めながら（一時的に記憶しながら），読み進めているといえる．作業の途中経過を一時的に蓄えておく記憶のことを作動記憶（working memory，ワーキングメモリ；作業記憶ともいう）（第2巻第6章参照）という．作動記憶の容量は個人差があることが知られている．ホイットニーら（Whitney et al., 1991）は，作動記憶容量と読みの関連を考察している．作動記憶に優れた読み手は，読解の早い段階では文章内容の解釈を複数保持しながら，読解の過程で解釈を絞っている．一方，作動記憶に優れていない読み手は，読解の早い段階で解釈を固定化してしまい，結果的に誤った仮説のまま解釈をする可能性が高いという．作動記憶容量の大きい人は一度にたくさんの情報を保持しながら文を読み進めることができるので，解釈の候補を心に留めておくことに負担はないが，容量の小さい人は処理のリソースが不足してしまうため，ある特定の解釈を優先させて文を読み進めているという.

　読んで理解することは人間の認知全般と関わる．このため，人間の持つ認知の傾向が深く関わっている．特に文章を理解する場合には，視点のとり方，推論や記憶など多くの認知能力が影響する.

第2節
文脈の理解

　文脈を理解することは，入力情報の累積的保持ではなく，既存の情報と新規の情報を比較・照合し，結合させて，より包括的な命題をつくりあげていく動的プロセスである（甲田，2016b）．新規情報を関連づけるために，連鎖関係の中で既存の文脈と比較し，対比，同格，包含などの関係を把握する能力が，その背景となっていると考えられる．新規情報の入力ごとに情報を更新し，テクストの全体像の構築が進んでいく.

　文章の理解は，言語表現を表層的に保持することではない．テクストに基づいた代名詞や指示の照応などの一貫性の確立，さらに受け手が既有知識や経験から補って理解した理解像（状況モデル（Kintsch, 1998）やメンタルモデル（Johnson-Laird, 1983）と呼ばれる）があると考えられている．理解像は，外界に実在する事物の代わりとして，世界についての表象が心内に構築されるも

のである．例えば，(3) の 2 文を理解して得られる理解像の一例は (4) のようなものである．

(3) 太郎は病気で休むと会社に電話した．しかし彼はゴルフに行った．

(4) 太郎は嘘をついた．

私たちが文章を理解した後は，記憶されるのは文章の内容であり，表層的な表現そのものは記憶に残らないと考えられている．重要な命題ほどよく記憶され，下位概念が上位概念に含まれるなど，命題間の関係によって削除などの操作が行われ，より大きな理解像が形成される．

文章の理解とは，語の意味，文の文法構造の解析，指示の特定を含む表層的な意味の理解に加えて，文脈や知識を利用した推論活動を含むものである．このため，文章それ自体と読み手が構築した理解像との差分は，読解研究の重要なテーマとなっている．

(a) 推論の種類

「推論」とは広い概念であり，論理学における判断や，既知の事柄に基づいた未知の事柄の予測として用いられる．人間の理解を扱う心理学，認知科学において「推論 (inference)」として扱われる現象を概していうならば「理解」であるといえる．理解に伴う諸現象を指して推論という語が用いられる．なぜなら，理解とは知覚対象のコピーなどではなく，理解する人間の認知を反映したものであり，解釈や主観を多分に含んだものだからである．

読解研究における多くの推論研究が「橋渡し推論 (bridging inference)」と「精緻化推論 (elaborative inference)」という 2 つの推論区分を行っている．橋渡し推論と精緻化推論は，2 つの軸となる推論カテゴリである．

橋渡し推論は，現在処理中の文とこれまでに読んだ文の意味内容の整合性を確立し，文間の意味内容を統合するための推論である．この推論がなければテクスト全体の整合性ある理解は得られない．(5b) の文を理解するには橋渡し推論が必要である．

(5) a. 花子の携帯電話がプールに落ちてしまった．

b. 急いで電気屋に行った．

「急いで電気屋に行った」理由は，その前文脈の理解が前提となっている．「携帯電話が壊れ，その修理をするために」などと表現間の隙間を橋渡しする推論が橋渡し推論である．私たちは文を最初から継時的に読んでいくので，現在処理中の文を以前の文と関連づける橋渡し推論は，時間の進行上，後ろ向きの方向に推論していることになる．このため，橋渡し推論は，後ろ向き推論と呼ばれることもある．

橋渡し推論がなければ2文を全体として理解できないので，この推論は理解に必須のものである．「携帯電話が壊れ，その修理をするために」はテクスト内に明記された情報ではないが，読み手はこの情報をテクスト内にあったかのように処理する．これに対し，

(6)　花子はペンキを塗ったばかりの壁にぶつかった．

から，「花子にペンキがついた」という情報を推論するのは精緻化推論の例である．精緻化推論とは，橋渡し推論に見られる文間の意味内容の整合性ないし首尾一貫性を確立するための推論ではなく，読解中の文を理解するために使用される推論である．文間の関係性についての意味把握に関しては，橋渡し推論が作用し，文の意味の理解には精緻化推論が作用する．

(b) 読解に影響する要素

同じ文章，同じ読み手であっても鑑賞として読む場合と試験問題として読む場合では，読み方は異なる．読解に影響する要素として，文章の性質，読み手の性質，そして読み方が影響している（甲田，2009）．

文章の性質としては，ジャンル，長さ，難易度などがあり，読み手の性質としては，読解のスキル，作動記憶容量，背景知識，文化的背景などが存在する．読み方としては，目的，制限時間の有無，読むことに伴って実行される課題（後で質問に答える，考えを口に出しながら読む（言語プロトコルの採取）など）が存在する．これら三者が複雑に絡み合って読解に影響している．

読み手にとって興味深い話題や自分の考えと一致した話題には親近性を感じ，その考えをよく理解でき，よく覚えている場合がある．

また，読む際に視点を変えることはテクスト理解に影響する．アンダーソンら（Anderson and Pichert, 1978）は，泥棒の視点で家についてのテクストを

読む場合と，家の買い手として家を査定する観点で読む場合には，重要な箇所は異なることを実証した．重要性の判断は，テクストの特質に由来するものではなく，読み手の特性（この場合，泥棒か，家の買い手かという立場）によって変わってくる．

　課題が読み方を統制する場合もある．課題前の教示の有無も影響する．記憶を問われることがあらかじめ知らされていると，読み手は注意して読むかもしれない．読む目的は読解中の推論生成や理解に影響を及ぼす（Narvaez et al., 1999）．テクストと読み手との相互作用の問題は，読むという課題遂行における要因とも関係している．

（c）背景知識の活性化

　Bransford and Johnson（1972）は，以下のテクストを用いて，トピックの効果について調べている．このテクストの意味が分かるだろうか．

(7) 新聞の方が雑誌よりよい．海岸の方が町中よりよい．最初は歩くより走る方がよい．何回か試さなければならないかもしれない．いくつかのコツが必要だが，それを学ぶのは簡単である．小さな子どもでさえそれを楽しむことができる．一度うまくいくと，複雑なことは少なくなる．鳥が近づきすぎることはめったにない．しかしながら，雨はとても早くしみこんでしまう．たくさんの人が同じことをやりすぎると問題を引き起こしてしまう．1つがかなり場所を必要とする．もし面倒なことがなければ，大変のどかなものとなり得る．石がアンカー代わりになる．ゆるくなってとれてしまえば，次のチャンスはなくなってしまう．
　　　　　　　　　　　　　　　　　　　　（Bransford and Johnson, 1972）

　実は，このテクストのトピックは「凧を作ること，飛ばすこと」であるが，トピックを与えられずに読むと全体として何のことをいっているのかが分かりにくいものとなっている．しかし，同じテクストが別のグループに「タイトルとともに」与えられた場合には，凧揚げについての知識が個々の文の理解を助け，全体として意味あるテクストとして理解できたのである．

　ブランスフォードらの実験では，タイトルなしのテクストの読解の後にタイトルを与えられても成績は悪かったことが示されている．テクストを理解する

とき，背景知識（この例の場合「凧揚げ」についての知識）を持っていることが重要となるが，背景知識を持っているだけではまだ不十分である．背景知識を持っているだけではなく，テクストを読み，理解している途中で，その背景知識が活性化され，適切に活用できることが必要である．

　テクストの理解は，個々の単語の意味の同定に終わるものではなく，さらには，凧揚げの知識のように背景知識を持っているだけでも成立しないものである．当該の事象に関する経験がないということが問題なのではなく，凧揚げの内容であることに気づかせる手がかりがないことが問題なのである．凧揚げについて知っているだけでは不十分であり，そのことがテクストを読むときに念頭に浮かぶことが大切なのである．新しい入力を，その時点で利用可能な知識の枠組みに関係づけることができなければ，入力を理解することにも失敗し，テクスト全体の意味の構築にも失敗する．テクストを理解する過程は，解釈に必要な仮説の発見から成り立っている．

　テクスト理解においてこれまで強調されてきたことは，個々の表現の理解からの言語情報に加え，読み手の背景知識，そして文脈からの適切性という複数の情報源をもとに意味が決定されるということである．入力情報は複数あり，いわば，複数の情報のせめぎ合いの中で意味は決定され，個々の表現から得たテクストの意味を，文脈からの適切性によって洗練させ，テクストの意味を得ている．

(d) 思考に影響するバイアス

　人間の思考には一定の偏りがあることが指摘されており，歪み，バイアスという名で論じられている．例えば，よく知られるバイアスとしては，証拠が鮮明なものや関連性のある情報，利用しやすい情報を重要視する傾向があるというものである．これらは情報の選択的処理という考え方としてまとめることができる．人間は情報を受容し，処理する際に，情報の一部を選択的に処理し，残りの部分を無視する傾向がある．以下に理解に影響するバイアスの例を5つ紹介する（表2.1）．

表2.1　理解に影響するバイアスの例

証拠の鮮明性	関連性理論	確証バイアス	利用可能性ヒューリスティック	ラベリング効果

① 証拠の鮮明性：　人間は，鮮明で具体的な情報を過大評価し，退屈で生気のない抽象的情報を過小評価する傾向がある（Nisbett and Ross, 1980）．証拠の鮮明性は，情動的関心，具体性と想像可能性，時間的・空間的近接性によって決定される．

② 関連性理論：　スパーバーとウィルソン（Sperber and Wilson, 1986 [1995]）による関連性理論では，人は，その状況で最も関連性ある解釈をしているとみなされている．関連性理論は言語学，特に語用論の分野で検討されてきた．関連性理論が唱えるように，言語情報を解釈するとき，最も関連性ある解釈が優先されるのは認知的容量の効率化といえるが，その反面，落とし穴になる可能性もある．

③ 確証バイアス：　人間は現在持っている信念や仮説に一致する情報を求め，潜在的に反証となる証拠の収集を避ける基本傾向を持っている．自分が持っている仮説を反証ではなく，確証できるような証拠を見つけようとするのである．多くの迷信や言い伝えは確証バイアスが働くことによって信念が強化される．確証バイアスが働くと，様々なステレオタイプ的信念を選択的に認知する．例えば，「茶柱が立つとよいことがある」という言い伝えは，茶柱が立った後に生じた事象からよいことを探し出し，茶柱との結びつきを強化する．茶柱が立った後に生じた悪いことや普通のことは忘れ去られ，よいこととのみ結びつけられる．「北枕にすると健康を害する」「13日の金曜日に不吉なことが起こる」など過度に前件と後件を結びつける証拠を探し出す傾向は，人には自分が持っている仮説を安定して保持したい傾向があり，反証例を過小評価してしまうからである．

④ 利用可能性ヒューリスティック：　人が自分の記憶に残っているもの，身近にある事例の頻度や確率を高く見積もる傾向をいう．その事例を思い浮かべることが，容易であればあるほど，その事例が頻繁に生じると考える．取り出しやすい記憶情報に優先的に頼って判断してしまう．例えば飛行機事故のニュースを見た後は，その事故のイメージを鮮明に持っているため，飛行機事故の起こる確率は過大評価される．そこで飛行機を使わず新幹線や車を使おうとするなどの判断が下される．自分の記憶から簡単に呼び出すことができる情報によってバイアスがかかってしまう．

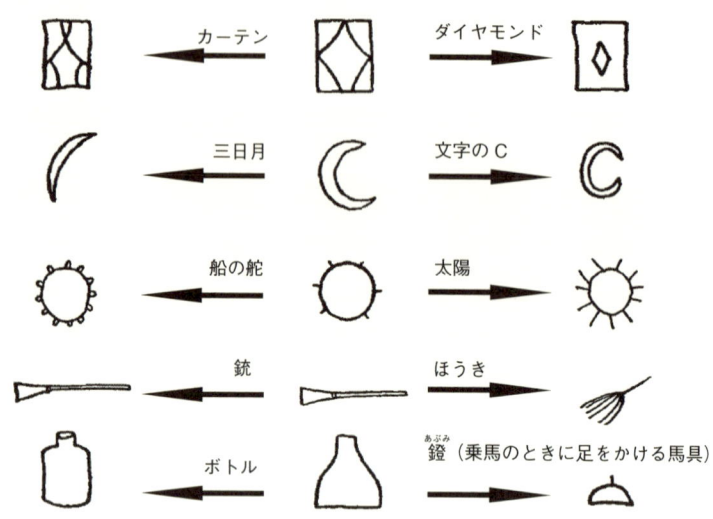

図2.3　ラベリング効果の例（Carmichael et al., 1932）
同じ図でもラベルによって異なる再生となる.

⑤ ラベリング効果：　私たちの知覚，認知は，提示される文脈に影響される（文脈効果）．図2.3は，図形の例だが，同じ図形でも命名によって別の図として理解され，再生される．左のラベル（例えば，カーテン，三日月，……）あるいは右のラベル（例えば，ダイヤモンド，文字のC，……）のどちらかのラベルをつけて図を覚えてもらい，しばらく経ってから覚えた図を思い出して描いてもらうと，図につけられたラベルに近い図が描かれるという．このように，ラベルをつけることが物事の理解や記憶に影響することをラベリング効果という．人でも物でも私たちは名前に引きずられて覚えている．細部にとらわれるよりも，全体の意味が中心となって記憶されている.

(e) バイアスと文章理解

　私たちがインターネット上の記事を読む際，自身の価値観に見合う情報だけを選好し，価値観に見合わないものを無視することによって，実際には多様な情報が存在するはずなのに特定の情報にのみさらされることがある.

　インターネット上では非常に多くの情報が氾濫している．しかし通常，まんべんなく情報を得るというよりは，関心のある情報や目立つ情報，あるいは自分の意見に一致した情報を得ていることが多い.

　笹原（2021）によれば，ソーシャルメディアは多様な人々と情報をつなぐことで，機会創出や価値創造を促すプラットフォームの役割を期待されてきた．しかし，見たいものだけを見て（確証バイアス），つながりたい人とだけつながる傾向(同類原理)を助長している問題が顕在化しているという．エコーチェンバー（同じ部屋（チェンバー）の中で同じ声がこだまする状況）という，似たもの同士だけでつながる，閉じた情報環境に陥ることが，自分とは異なる立場の人を遠ざけてしまう．

　人間の思考は，多くのバイアス研究が示しているとおり，すべての情報をまんべんなく平等に扱うことをせずに，鮮明で目立つ情報，利用可能性の高い情報を重み付けして扱う傾向がある．このような処理は，思い込みだけで判断する，バランスを欠いた思考ともとれるが，しかしその反面，コンピュータにはできない新しい発想や発見をしたり，構造化されていない問題を解決したりすることもできる．情報をまんべんなく処理しない代わりに，注意を配分して労力を節約しているともいえる．利用可能性から考えると，例えばタイトルを与えられた場合，タイトルの情報を過度に利用して読解することにより，早とりともなり得るし，あるいは全体像の把握が容易になることもある．関連性については，文章から関連のある情報を重み付けし，過度な推論を誘発することもある．

　文章の理解におけるトップダウン的処理に見られるように，推測し，もしそれが当たった場合はより多くの情報が瞬時に得られる点で，バイアスはヒューリスティクス（heuristics）の長所に似ている．うまくいかないこともあるが，かなりの部分，これで何とかうまくいっているのである．何かの手がかりをもとに活性化されるスキーマは，細部を見落とす原因にもなり得るが，日常生活におけるたいていの場合には，妥当な判断を導く優れたメカニズムである．

　認知言語学でよく引き合いに出される「コップに入った半分の水」の例は，同じ現象でも捉え方により「半分しか入っていない」か，あるいは「半分も入っている」となる．同じ事象に対する捉え方，すなわちフレームのとり方によって別の表現が選択される例である．読むことも，読み手の持つ前提やバイアスによって多様な現象となる．意味は読解対象にのみあるのではなく，読み手との相互作用によって創造されるのである．

第3節
物語テクストの理解

　読むことに関する認知科学・心理学研究では，題材として説明文が多く用いられてきた．その理由は，文学が技巧的であり，日常の言語と異なる可能性があること，読解における知的意味の理解の検討を情動的意味の理解に優先させたことにある．しかしながら，物語と文学は，音楽や絵画など他の芸術と同様に，長い間人類を魅了してきた．人文学分野の目標の1つが人類の遺産とそれをなしえた人間精神の探究にあるとすれば，文学作品の探究は重要なテーマである（甲田，2024）．

　本節では，物語テクストの分析と位置づけ，そして近年のデジタル技術を用いた研究の動向について述べる．

(a) 物語テクストにおけることば

　談話全体の結束性を高める言語手段を用いることにより，書き手は読み手にとって分かりやすいテクスト・談話を構成することができる．読み手は接続詞をはじめとする文章の構造に資することば，タイトル，見出し，レイアウトなどを用いて文章を理解している．接続詞，指示の同一性はテクスト言語学（Halliday and Hasan, 1976 など）に一定の研究の蓄積がされている．テクストはその理解にどのような道しるべを与えているだろうか．

　テクストはジャンルによって言語の特徴に一定の傾向があることが知られている．次の例はグリム兄弟による白雪姫の冒頭部分である．

(8) It was in the middle of winter, when the broad flakes of snow were falling around, that a certain queen sat working at her window, the frame of which was made of fine black ebony; and, as she was looking out upon the snow, she pricked her finger, and three drops of blood fell upon it. Then she gazed thoughtfully down on the red drops which sprinkled the white snow and said, "Would that my little daughter may be as white as that snow, as red as the blood, and as black as the ebony window-frame!" And so the little girl grew up; her skin was a white as snow, her cheeks as rosy as blood, and her hair as

black as ebony; and she was called Snow-White.

　　(J. Grimm and W. Grimm, *Little Snow White*；下線，枠囲みは筆者)

　物語の冒頭は時（季節）の指定で始まり，雪片が舞い降りている．物語では時と場所を冒頭で指定することが多い．日本語で「昔々あるところに」という出だしは，ある種定型化している．物語では時と場所の設定の後，事件が起きて，その解決が提示され，再び日常世界が描かれる構造のものが多い．ソーンダイク（Thorndyke, 1977）によれば物語全体に物語文法と呼ばれる構造を提唱する考え方もある．

　用いられることばでは，雪（snow）が繰り返し現れることによって結束性を保っている．次に色彩語が集中して用いられている（　囲み　）．さらに白い雪を背景に，雪にしたたり落ちた血の赤さと，窓枠の黒さが描かれる．白地に描かれる色彩の鮮明さは，この後美しく成長する白雪姫の肌の色，そして頬と髪の色として形容される．

　お妃（a certain queen）は冒頭の文では不定冠詞だが，その後は代名詞she/herとなっている．それぞれの代名詞は先行する名詞を指している．談話のある要素の解釈が別の要素の解釈に依存すると2つの要素が統合され，結束性が生じる．このような言語手段としては，名詞・代名詞，省略，指示による結束性がある．白雪姫（the little girl）が登場するとshe/herが指し示すものはお妃ではなくなる．代名詞はその場面で活性化した情報に依存して解釈される．

　英語のa/theの使い分けに似たものに，日本語の「は／が」の使い分けがある．

　(9)　昔々あるところにお爺さんとお婆さんが住んでいました．お爺さんは
　　　……

　初出が「が」，2番目以降が「は」となっている．情報構造の関わりからの説明（新情報は「が」，既出の旧情報は「は」でマークするという説明）では，いったん導入された後はすべて旧情報となってしまうが，実際には2番目以降も「が」が使われることもあり，有効ではない．そこで，名詞句の持つ情報へ

の接近可能性に説明を求めるものがある.

　Ariel（1988）は固有名詞から代名詞, ゼロ形などの使い分けについて, 接近しにくい指示対象は詳しく表現する必要があり, 逆に接近しやすい指示対象は簡略な表現が選ばれると述べている. 直前で述べられた表現は記憶に残っており接近しやすいが, 離れたところで述べられた表現は接近しにくい. 接近可能性の高低には, 記憶, 発話状況などの物理的状況, その名詞句のテクスト・談話における価値（主題か否か）という言語的文脈が影響している.

　テクストの自然な連鎖を特徴づける名詞句の連鎖についての現象は, これまでの言語的知識の自律性を前提とする言語学の研究では規則性が見出しにくいものである. そのため, 記憶システムや情報構造などを視野に入れた説明が行われている.

　ところで, 英語では時制混交は通常行わないので描かれる動作はすべて過去形（was, were, sat, pricked...）となっている. 一方日本語では, 同一物語内に現在形と過去形を混交することが可能である（樋口・大橋, 2004）.

　また, 時制だけではなく「～する／～ている」という形の対立も物語の描き分けに用いられている. 雪が降る様子（were falling）は背景であるので進行形が用いられる. また, "as she was looking out upon the snow, she pricked her finger"（彼女が雪を見ていたとき, 針が指に刺さりました）の部分では, 背景「～とき」は進行形が用いられ, 針が刺さったことは単純形で示される. これは Hopper（1979）のいう前景化と背景化（foreground/background）の描き分けである. 物語では, 話の主筋となる事象は前景化され, 状況描写や主要でない事態が背景化されることが多い.

(b) ジャンル

　物語では事態が進行するので時制が重要となるが, 一方, 説明文では恒常的事象の説明をすることが多く, 時制の使い分けは重要ではないことが多い. コーパスに用いられる言語指標とジャンルを計量的に扱った Biber et al.（1998）は過去時制動詞が物語と非物語調のディスコースの区分に関与することを実証している.

　ジャンルという用語は, 芸術作品や文学で用いられているように, 詩, ドラマ, フィクションなど類型的にまとめられた1つのカテゴリを指す. ジャンル

情報が読みに影響を与えることを甲田（2016a）は示している．

　教科書や教材，電子化コーパスとして扱われる文章の多くは，書物であれば表紙やその装丁，判型，新聞であればその文章が占める位置情報（トップ記事など）とともに存在していたはずであるが，言語材料になる時点では，多くの場合，これらの情報は捨象され，文章の内容部分とされるものの全部，あるいは一部分が取り出され，一次元的な文章に置換される（丸山ほか，2007）．

　しかし，日常の読解では，これらの参照情報は文献や記事を探したり，内容を知るための有力な手がかりとなっている．例えばライトノベルは表紙や挿絵にマンガやアニメに登場するような人物の描き方をしているものが多く，1つのジャンルを形作っている．読者はジャンルを知ることで内容を予測し，購買への意思決定に用いていると考えられる．

　これまでに文章を読んだ経験から，ジャンル内の文章の予測が可能となり，読みやすさが増す可能性がある．例えばいくつかの分野の学術論文は，「研究の目的，実験方法，結果，考察，参考文献」という配列になっており，この配列が情報を探し出すリソースとして用いられる．ジャンルや分野，作者に関する情報は，比較検討のためのインデクスのような役割を果たしている．

　文章が話し言葉調か，あるいは硬い書き言葉調であるかといった文章の性質は読解に影響する．コーパスと語彙の関係を探った柏野・奥村（2012）はコーパスへ付与することが望ましい情報として，難易度，文体の硬軟，口語性などを挙げている．文体上の区分は，Joos（1961）の提案（"frozen" "formal" "informal" "colloquial" "intimate"）など，早くから提案されてきたが，大量の電子化コーパスの拡充に伴い，そこに格納されることばの性質を吟味する試みが行われている．

（c）デジタルデータと読み

　これまでの人文学の研究手法に，デジタル技術によって，研究対象の詳細な数値化や視覚化，共有が試みられるようになった．紙の本を電子化し，大量の電子データとして検索，加工を容易にした電子化コーパスはその一環である．電子化されたことにより，多くの人が大量のデータにアクセスできるようになった．さらに，データのデジタル化のみならず，コンピュータを用いてデータ分析を行う試みも現れている．そこでは形態素解析や語彙の頻度などのテク

ストの特徴量を用いて，大量の電子データが分析される．この場合には機械が読んでいることとなり，読むことは必ずしも人間の理解行為を介さないことになる．「世界文学」を把握しようとするモレッティ（Moretti, 2013）の用語では「精読（close reading）」に対し，テクストから距離を置いた（原文を読まない）「遠読（distant reading）」となる．両者の立場には是非があるが，広範囲に言葉の利用を確かめる場合，分析者がデータを読まずに言語分析をすることもある．しかし，このような場合にも，分析者の観点と機械とが協力し合って，より適用範囲の広い言語分析を目指しているといえる．

第4節　書く行為

　読むことがことばの受容であるのに対して，書くことはことばの産出である．産出すなわちアウトプットには，プランニング，情報の整理，文章の構成，推敲など多くの技能が関わっている．

　鈴木（2009）は「読む」ことについての認知研究と比較すると「書く」ことに関わる認知研究は「恐ろしく少ない」と指摘している．ライティング関連の書籍は多く出版されているが，人間の認知機能と関連させて論じる研究は限定されている．仲（2009）は手で書くことが抑制を解放するという情動調整の機能や記憶に関わるというデータを紹介している．本節では，書く行為と認知の関係を探る．

　分かりやすい文章を書くためには，読み手の認知能力を考慮しなければならない．読むことの認知的側面を知ることで，読みやすい文章とは何かを知る手助けとなるだろう．一度に大量の新しい情報を与えると読み手は混乱してしまう．道案内にたとえられるように，読み手に全体像（地図）を与え，現在どの位置にいるのかを示しつつ，読み手を誘導する必要がある．談話構造を示す語句を適切に用いて新しい情報が既出の情報とどう関わるかを示す必要がある．

（a）書く行為とメタ認知

　読む行為と書く行為にはメタ認知が関わっている．メタ認知とは，遂行中の認知活動（例えば読解や作文，問題解決など）をモニターし，その活動がうまくいくようにコントロールする認知である．「メタ（meta）」ということばが表すように，ある事象に対して異なる次元から確かめる認知である．活動がう

まくいっているかいないかをモニターしながら活動を遂行できる人は方針を変更する調整能力がある.

　岡本（2001）によれば，メタ認知には，「どのような要因や方略が影響するのか，方略をいつ，どのように適用すればよいのか」というメタ認知知識と，認知活動の計画立案（プランニング），認知活動の監視と制御モニタリング，認知活動の評価などのメタ認知制御が含まれるという.　メタ認知を訓練することによって認知活動の遂行が改善されることが研究によって示されている（Palincsar and Brown, 1984）.　それによれば，文章の要約や教師からの問いかけによって確かめる力は強化されるという.　書く行為には多くの技能と段階が関わるため，自らの活動を制御する能力は重要である.

　書き手と読み手の認知能力に着目した観点は，文章を書く際に非常に有効である.　なぜなら，どのように／どのような文章を書いたらよいかという問題に，読み手の理解についての認知的側面から，原理的に明らかにしていくことが重要であるからである.　文章の書き方についての本に，どう書いたらよいかは書かれていても，なぜそうするとよいかの説明が書かれていないことがある.

　読み手の理解については，認知科学，認知心理学において読み手側の心理的要因の研究が進展している.人間の理解についての研究が進んだことによって，よりよい理解のためにどうすればよいのかについて，応用面での研究も進展してきた.

　ただやみくもに経験を積むだけでは不十分であり，分かりやすい文章を作成するには，どうやって理解するかを知る必要がある.　人間が分かるとはどのようなことなのか，人間が理解する仕組みをもとに解かなければ問題の根本的な解決にはならない.

（b）必要な技法を分解する

　文章の産出すなわちアウトプットには，情報の整理，文の作成，文章の構成，推敲など多くの技能が関わっている.　文章の作成に必要な技法を分解し，全体をプランニングし，実行に移すことが重要となる.

　文章作成が苦手と捉える場合，どの部分が不得意なのかを見極める必要がある.　例えば，文章を作るための過程として以下が挙げられる.　これらは必ずしもこの順序で進むわけではなく，行ったり戻ったりを繰り返す.

（10）文章を作るための過程

　　a. 何のための文章か，目的を明確にする（例：楽しませる，説明する，
　　　　レポートの課題など）.

　　b. 情報を収集し，取捨選択する.

　　c. 文章全体を構成し，配列を決める（設計）.

　　d. 表現を選択し，文を作る.

　（10a）と（10b）は文章の目的やジャンルと関わる.（10c）と（10d）はアイディアを言語表現へと移管・配列することであり，読み手の認知特性を考慮する必要がある.

（c）読み書きの支援

　岡本（1985）は，言葉の発達において「一次的ことば」と「二次的ことば」を区別している. 一次的ことばとは，現実生活の中で具体的な事象や事物についての，状況に依存した親しい人とのコミュニケーションを前提としており，一方，二次的ことばとは現実の場面を離れ，抽象化された聞き手一般を想定して展開する言語活動である. 小学校入学以降，子どもは教科書の内容や抽象的な内容をめぐって，遠くの第三者に伝わるような言葉づかいを学んでいく. これらのことばの隔たりは大きく，抽象的なことばの読み書きに困難を覚える子どもは多い.

　さらに，文字の読み書きに限定した困難であるディスレクシア（dyslexia）を抱える子どもや成人は一定数おり，このような人たちへの支援は喫緊の課題である（第 6 章第 1 節，第 7 章第 5 節参照）. ディスレクシアとは，本来は読めないという問題だけを指し，後天性の脳損傷によって生じる読みの問題も含まれる. そのため，発達性ディスレクシア研究会（2016）によれば，脳損傷の既往によるものと区別し，発達性ディスレクシアと呼ばれる. 後天性のディスレクシアは読みの問題単独で出現するが，発達性ディスレクシアでは，読みに問題があると，多くは書字の問題（書字障害：dysgraphia，ディスグラフィア）を伴うという. そのため，発達性読み書き障害という用語がよく用いられている. 発達性ディスレクシアは，神経生物学的原因による障害であり，その基本的特徴は，文字と音韻の対応における正確性や流暢性の困難さにある.

　読み書き（のみならず学習一般）を補助する技術として，コンピュータやネットワークなどの情報通信技術を活用する ICT（information and communication technology，アイシーティー）の役割が注目されている．コンピュータソフトによる音声読み上げやキーボード入力などで，読み書きにアクセスできる多様な方法を提供するものである．丹治（2022）は，学習障害（learning disability: LD）などの読み書き困難のある子どもの ICT 活用を展望している．テクノロジー（例えば，音声読み上げ機能，文書作成アプリ，スマートペン，アイディア描画アプリ，音声認識，e-learning システム）が，学習障害の子どもの学習保障と新たな学びの創造に貢献できることが示されている．このような活動を推進するプロジェクトとして，ソフトバンクグループと東京大学先端科学技術研究センターによる共同プロジェクト「魔法のプロジェクト」では，学びの困難を情報端末などのテクノロジーで支援する試みが紹介されている．合理的配慮により，誰一人取り残すことなく，学力保障と社会参加を支えていく必要がある．

第2部　今後の展望

第5節
ライフステージと読み書き

　人生における節目となる生活環境の段階はライフステージと呼ばれる．幼年期，少年期，青年期，壮年期，高齢期のライフステージすべてにおいて，私たちは読み書きと関わっている．

　ひとが生まれてから最初に獲得する話し言葉に加えて，幼少期，学童期に絵本や本などの書き言葉に出会い，読み書きを習得する．幼少期の絵本の読み聞かせは情動の発達に重要なものであり，絵本を通して多くの価値観を学ぶ．学校教育に入ると，学習内容は教科書に書かれたことばや教室での説明によって学習される．大学ではレポート課題の作成を通して，文章の構成や書き方を実践する．学校教育終了後も読み書きは私たちとともにある．ブログや Instagram（通称インスタ），X（旧 Twitter）など多彩なフォーマットで自己を表現するユーザーは増加している．従来のように紙で報告書をまとめることも依然として存在しており，書くことは公私ともに身近な存在である．技術や伝達

媒体の進歩により，手書きと印刷による文章作成の割合は変化している．

　読むことも生涯を通じて学校教育，仕事，趣味といったように多様な目的で行われる．紙だけではなく電子書籍などパソコンやタブレットの画面で情報を得ることは急激に増加している．媒体の変化は，読む対象をも変化させているという．例えばマンガは2ページ単位の見開きでページがめくられるので，その単位は「めくり」と呼ばれ，ストーリー展開の山場などに利用されている．それがスマートフォンやタブレットなどの画面になると1ページごとに紙面が構成されるため，2ページという単位は変化している．

　多様な媒体を通して営まれる読む行為，書く行為であるが，数千年前に文字が発明されて以来，長い間，書き言葉は時空間を隔ててことばを保存・伝達できる重要な手段となってきた．人類全体にとっても，また，個人の一生涯を通じても読み書きの存在は大きい．

推薦図書

　『おもしろ思考のラボラトリー』『おもしろ言語のラボラトリー』（森，2001b，2001a）は，言語を題材に用いた心理学研究が概観できる．文章理解については，『文章理解の心理学―認知，発達，教育の広がりの中で』（大村，2001），『文章を理解するとは―認知の仕組みから読解教育への応用まで』（甲田，2009）がある．甲田（2009）では，文章理解の古典的研究から当時の読解研究までの道のりをたどっている．理解の個人差がどこから生まれるかという問題や，読むことと他の認知能力の関係，読解教育への応用を扱っている．読んで理解することを考えるために，人間の思考の癖であるバイアスを扱ったものとして，『超常現象をなぜ信じるのか―思い込みを生む「体験」のあやうさ』（菊池，1998）を挙げる．思考バイアスは各所で紹介される現象だが，UFO，虫の知らせ，星占い，超常現象など身近なテーマを興味深く読むことができるものである．

文　献

Anderson, R. C. and Pichert, J. W. (1978) Recall of previously unrecallable information following a shift in perspective. *Journal of Verbal Learning and Verbal Behavior* **17**: 1-12.

Ariel, M. (1988) Referring and accessibility. *Journal of Linguistics* **24**: 67-87.

Biber, D. et al. (1998) *Corpus Linguistics: Investigating Language Structure and Use*, Cambridge University Press.［齊藤俊雄ほか（訳）（2003）『コーパス言語学―言語構造と用法の研究』南雲堂.］

Bransford, J. D. and Johnson, M. K. (1972) Contextual prerequisites for understanding: Some investigations of comprehension and recall. *Journal of Verbal Learning and Verbal Behavior* **11**: 717-726.

Carmichael, L. et al.（1932）An experimental study of the effect of language on the repro-duction of visually perceived form. *Journal of Experimental Psychology* **15**（1）: 73-86.

Halliday, M. A. K. and Hasan, R.（1976）*Cohesion in English*, Longman.

発達性ディスレクシア研究会（2016）「発達性ディスレクシアの定義」
http://square.umin.ac.jp/dyslexia/index.html（最終アクセス日：2023/2/28）

樋口万里子・大橋　浩（2004）「節を超えて―思考を紡ぐ情報構造」大堀壽夫（編）『認知コミュニケーション論』pp. 101-136，大修館書店.

Hopper, P. J.（1979）Aspect and Foregrounding in Discourse. In T. Givón（ed.）*Syntax and Semantics, 12: Discourse and Syntax*, pp. 213-241, Academic Press.

Johnson-Laird, P. N.（1983）*Mental Models*, Cambridge University Press.［海保博之（監修），AIUEO（訳）（1988）『メンタルモデル』産業図書.］

Joos, M.（1961）*The Five Clocks*, Harcourt, Brace and World.

柏野和佳子・奥村　学（2012）「書籍テキストへの分類指標人手付与の試み―『現代日本語書き言葉均衡コーパス』の収録書籍を対象に」『言語処理学会第 18 回年次大会予稿集』1260-1263.

菊池　聡（1998）『超常現象をなぜ信じるのか―思い込みを生む「体験」のあやうさ』講談社.

Kintsch, W.（1998）*Comprehension: A Paradigm for Cognition*, Cambridge University Press.

甲田直美（2009）『文章を理解するとは―認知の仕組みから読解教育への応用まで』スリーエーネットワーク.

甲田直美（2016a）「語彙と文章」斎藤倫明（編）『日本語語彙論 II』pp. 65-96，ひつじ書房.

甲田直美（2016b）「一般的認知能力と語用論的解釈」小山哲春ほか（編著）『認知語用論』pp. 145-174，くろしお出版.

甲田直美（2024）『物語の言語学―語りに潜むことばの不思議』ひつじ書房.

Loftus, E. F.（1979）*Eyewitness Testimony*, Harvard University Press.

Loftus, E. F.（1997）Creating false memories. *Scientific American* **277**（3）: 70-75.

丸山岳彦ほか（2007）「書き言葉の構造を捉える―書き言葉の多様な構造とサンプリング手法」『言語処理学会第 13 回年次大会発表論文集』704-707.

宮地弥生・山　祐嗣（2002）「高い確率で虚記憶を生成する DRM パラダイムのための日本語リストの作成」『基礎心理学研究』**21**（1）：21-26.

Moretti, F.（2013）*Distant Reading*, Verso.［秋草俊一郎ほか（訳）（2016）『遠読―〈世界文学システム〉への挑戦』みすず書房.］

森　敏昭（編）（2001a）『おもしろ言語のラボラトリー』北大路書房.

森　敏昭（編）（2001b）『おもしろ思考のラボラトリー』北大路書房.

仲真紀子（2009）「テクスト学と認知心理学―書くことの機能」齋藤　晃（編）『テクストと人文学―知の土台を解剖する』pp. 244-263，人文書院.

Narvaez, D. et al.（1999）The influence of reading purpose on inference generation and comprehension in reading. *Journal of Educational Psychology* **91**: 488-496.

Nisbett, R. and Ross, L.（1980）*Human Inference: Strategies and Shortcomings of Human Judgement*, Prentice-Hall.

岡本真彦（2001）「メタ認知―思考を制御・修正する心の働き」森　敏昭（編）『おもしろ思考のラボラトリー』pp. 139-160，北大路書房.

岡本夏木（1985）『ことばと発達』岩波書店.

大村彰道（編）（2001）『文章理解の心理学―認知，発達，教育の広がりの中で』北大路書房.

Palincsar, A. S. and Brown, A. L. (1984) Reciprocal teaching of comprehension-fostering and comprehension-monitoring activities. *Cognition and Instruction* **1**(2): 117-175.

笹原和俊（2021）「フェイクニュースはなぜ拡散するのか？」未来の図書館研究所第6回シンポジウム「図書館とポスト真実」
https://www.miraitosyokan.jp/future_lib/symposium/6th/lib_and_post_truth2.pdf（最終アクセス日：2023/2/28）

Selfridge, O. G. (1955) Pattern Recognition and Modern Computers. *Proceedings of the 1955 Western Joint Computer Conference*, pp. 91-93, Institute of Radio Engineers.

Sperber, D. and Wilson, D. (1986 [1995]) *Relevance: Communication and Cognition*, Blackwell.

鈴木宏昭（2009）「レポートライティングの認知科学」『認知科学』**16**(4)：467-468.

丹治敬之（2022）「学習障害（LD）等の読み書き困難のある子どもと ICT 活用の研究展望」『教育心理学年報』**61**：100-114.

Thorndyke, P. (1977) Cognitive structures on comprehension and memory of narrative discourse. *Cognitive Psychology* **9**: 77-110.

Whitney, P. et al. (1991) Working memory capacity and the use of elaborative inferences in text comprehension. *Discourse Processes* **14**: 133-145.

中石ゆうこ

第3章

バイリンガルと多文化共生

◆ キーワード
バイリンガリズム，バイリンガル，母語，イマージョン，サブマージョン

　グローバル化が進む現代では，複数の言語に囲まれて過ごす人が増えている．本章では，バイリンガリズム，バイリンガルを定義した上で，ことばの学びの主体に焦点を置いた個人的バイリンガリズム，およびバイリンガル教育を中心に概説する．第1節ではバイリンガルとその母語，およびバイリンガリズムの定義を示し，第2節では，第4章で取り上げられる言語習得における基本的概念について，日本の外国人児童生徒等への日本語指導の現状と結びつけながら説明する．第3節では多文化共生の舞台の1つとして日本の学校教育にフォーカスし，外国人児童生徒等への日本語指導の現状を解説する．第4節からはバイリンガル教育という観点から日本の学校教育の現況を捉え直し，日本のバイリンガリズムをめぐる今後の方向性について示す．

第1部　現在までの流れ

第1節
バイリンガリズムをめぐるこれまでの議論

(a) バイリンガリズムとは何か

　言語はそれぞれの人が様々な状況で用いる．ある個人によって言語が用いられる場面は，大きく分けると社会，学校（あるいは職場），家庭の3つとなる．世界の人々にとって，これらの3つの場面において，すべて同じ言語を用いている個人はむしろ少数派で，場面によって言語を使い分ける人の方が多い．

　次項で詳しく触れるバイリンガルが複数言語を使用する人を指すのに対して，バイリンガリズムは複数言語を使用する現象を指す．バイリンガリズムには個人レベルでのバイリンガリズム（個人的バイリンガリズム）と社会レベルでのバイリンガリズム（社会的バイリンガリズム）がある（山本，2014）．

　社会的バイリンガリズムも個人的バイリンガリズムも，人と言語の関係に関

心を持つ点で共通するが，両者の違いは関心の中心がどこかというところにある．社会的バイリンガリズムは，人が集まった社会の中での複数の言語使用がどうなっているのか，それをどのようにしていくべきかに主な関心がある．一方，個人的バイリンガリズムは，言語を使用する個人が焦点となっており，ある人が複数の言語知識をどのように持つのか，どのように言語使用をするのかに主な関心がある．

　言語を社会，政治，経済との関係の中で捉えるのが社会的バイリンガリズムの関心である．そこで議論されるような，社会やコミュニティでの言語使用をどのようにしていくべきかという判断は，国家レベルで政府や政府機関が決定する場合もあるが，多国籍企業が社内で用いる言語を独自に決定するような場合もある．日本の地方自治体の条例で手話が言語の1つとして認められてきたように，地方自治体レベルで使用する言語を決定する場合もある．民族学校，外国人学校，インターナショナルスクールのような教育機関において校内の共通言語を決定したり，外国語として教える科目を選定したりする場合もある．

　社会的バイリンガリズムで捉えられるように，ある社会やコミュニティで言語の選定が行われた結果，その社会やコミュニティに所属する個人が使用する言語にも変化が及び，その結果，個人的バイリンガリズムにまで影響が生じる場合もある．複数の人が集まってやりとりを行うことで社会が成立しているのであるから，その2つは厳密には切り分けることはできない．言語環境は社会的な側面を持ち，個人の言語環境が社会と全く切り離されて存在することは考えられない．

(b) バイリンガルとは何か

　バイリンガル（bilingual）とは，2つ以上の言語能力を持ち，それを状況によって使い分ける人を指す．1つの言語のみを用いる人を指すモノリンガル（monolingual）という用語と対をなす．「バイ（bi-）」は「2つ（の）」を表す接頭辞であるが，バイリンガルといった場合は2つの言語に限らず，複数の言語使用者を意味する．バイリンガルは持っている言語能力が複数であることから，多言語を使い分けるマルチリンガル（multilingual）という用語とほぼ同義で用いられることもある．厳密に言語の数によって呼び分ける場合には，二言語がバイリンガル，三言語がトリリンガルあるいはトライリンガル（trilingual），

四言語がクアドリリンガル（quadrilingual）となる.

　バイリンガルというと，一般的には複数の言語を自由に駆使して世界を渡り歩く人がイメージされるかもしれないが，実際にはもっと幅広い人を指す. 例えば，海外の観光地では商店主が様々な外国語であいさつをしたり，商品をすすめたりする場面に遭遇することがある. この商店主は外国語の文章をほとんど読むことはできず，話も流暢ではないが日常的に外国語を使っている. この人はバイリンガルといえるだろうか. また次の例ではどうだろう. 新しく来日した外国人児童が小学校で日本語指導を受けている. 最初に学ぶのが，日本語での簡単なあいさつや日常生活ですぐ必要な表現である. 例えば，「トイレに行きたいです」という表現を習ったばかりの児童が「トイレに行きたいです」といってからトイレに行ければ，この子はバイリンガルといえるだろうか.

　バイリンガルは生活の中で日常的に複数の言語を使い分けている人はもちろんのこと，研究者によっては，母語以外の言語を学んだり使ったりする人をすべて，その範疇に含む場合もある. バイリンガルの「最大限」の定義では二言語間において等しく母語話者相当の知識を持つ人を指す. 一方，「最小限」の定義では複数の言語において「意味のある完全な発話ができる段階」（Haugen, 1969）にある人を指す.

　「意味のある完全な発話」には決まり文句も含まれる. よって，バイリンガルの「最小限」の定義に従えば，複数の言語を使ってセールスができる商店主はもちろん，教室で「トイレに行きたいです」と発話できた外国人の子どももバイリンガルであるといえる. 一方，「最大限」の定義が指す，2つの言語を完全に身につけている完全二言語使用者は現実にはまれで，多くの二言語使用者は，その中間あたりに位置するとされる（Halliday et al., 1964）. バイリンガルが何を指すのかが1つに定まらないことからも分かるように，複数の言語能力を持ち，それを使い分ける人といっても，その様相は多様である.

(c) バイリンガルの母語

　子どもが生育する環境で最初に自然に身につける言語を第一言語（first language: L1），あるいは母語（mother language, mother tongue）と呼ぶ. 第一言語を身につけた後に習得する言語を第二言語（second language: L2）と呼ぶ（第1章参照）. このように，第一言語という語は「最初に身につける」と

いう習得の順序に着目した語である．一方，母語という語は「生育環境で自然
に身につける言語」という定義のほかにも複数の定義がある．そのため，バイ
リンガル研究，バイリンガル教育の分野では，第一言語という用語よりも母語
という用語が選ばれることが一般的である．

　研究者や研究分野によって「母語」が指すものは変わる．スクトナブ＝カン
ガス（Skutnabb-Kangas, 1981）によれば，母語は①起源（origin）：習得時期・
習得順序，②能力（competence）：熟達度，③機能（function）：使用頻度，
④態度（attitudes）：内的・外的アイデンティティという4つの面から定義さ
れる．これら4つの面から捉えると，母語とは，①初めに覚えた言語，②
最もよくできる言語，③最も頻繁に使用する言語，④自分が帰属意識を持て
る言語で他の人から見てもその人が母語話者だと認められる言語となる．

　バイリンガルの子どもの言語環境を見てみると，家庭内で養育者の間で用い
る言語が異なるという環境の影響によって，複数言語が同時進行で身につけら
れる場合がある．習得時期，習得順序に着目した場合，バイリンガルは2つの
言語を生後すぐ（あるいは胎児期）から同時に習得し始める同時バイリンガル
（simultaneous bilingual）と，1つ目の言語の習得が始まった後に，もう1つ
の言語の習得が始まる継続バイリンガル（sequential/successive bilingual）に
二分される．

　同時バイリンガルの場合があるので，①習得時期という観点だけでは母語
を1つに絞れない．また，同時バイリンガルも継続バイリンガルも②熟達度，
③使用頻度というのは，それを調査する時期によって変わってしまうことが
ある．バイリンガルの子どもが長期休暇を利用して，あるいは半年，1年とい
う単位で出身国に戻ることがある．このような場合，移動の前後で，子どもが
最もよくできる言語，頻繁に使用する言語が変わることがある．④の内的・外
的アイデンティティについても，バイリンガルは頻繁に言語間，文化間の移動
を伴うので，アイデンティティにゆらぎが生じることがある．アイデンティティ
について聞き取りをしても，あるバイリンガル自身が一体感を持てる言語，他
人もそう認める言語が状況や時期によって変わったり，特定することができな
かったりする場合が往々にしてある．以上のことから，母語は定義によって異
なること，また，ある個人にとって，母語は一定ではなく，生涯にわたって，

頻繁に変わる場合があること（Skutnabb-Kangas, 1988）が分かる.

　移住などによる言語環境の変化によって優勢言語ではなくなった母語，あるいは親の移住先で生まれたなどの事情によって子ども自身はほぼ使用しない親の母語を継承語（heritage language）と呼ぶ. 近年では家庭，コミュニティにおいて継承語を維持していくことに社会的・個人的意味や価値が見出されてきている.

第2節
これまで明らかになっていること

(a) バイリンガルに弊害はあるのか

　1960 年代ごろまでは，バイリンガルであることには弊害があると考えられていた. バイリンガルには脳への負担があり，知能が低くなる，精神的成長を阻害する, 心理的混乱を招くという言説が優勢であった（Baker, 1993［岡（訳），1996]）.

　しかし，これらの主張の根拠となった研究では，第二言語が年齢相当レベルに達していないバイリンガルだけを調査対象としており，対象に偏りがあることが分かった. そこで, 1960 年代初頭にピールとランバートが，二言語の能力を同等に獲得しているバイリンガルだけを対象として調査を実施した（Peal and Lambert, 1962）. この研究によって，バイリンガルの方がモノリンガルよりも優れた柔軟性(mental flexibility)を持つことが分かった. この研究もまた, 二言語の能力を同等に獲得しているバイリンガル以外を排除しているという点で分析対象に偏りがある. ただ，バイリンガルは知能の発達に悪影響を与えるという従来の定説を覆し，バイリンガルであることは弊害ではないことを示したことから，その後のバイリンガル研究にも言語教育に関する政策決定にも大きなインパクトを与えた.

(b) バイリンガルの種類

　バイリンガルの分類の観点は様々である. 言語には社会的，経済的，政治的な価値づけや評価がつきまとう. ある社会で力がある，価値が高いとされる言語（威信がある言語）を母語とし，それ以外の言語を習得するバイリンガルを主流派バイリンガル（majority bilingual）と呼ぶ. 一方，社会的に力が弱い, 価値が低いとされる言語を母語として，それ以外の言語（主に社会の主流派言

語）を習得するバイリンガルを少数派バイリンガル（minority bilingual）と呼ぶ．少数派バイリンガルが現地の主流派言語を習得しない場合には社会競争において大きな不利益を被ったり，母語である少数言語を喪失したりすることが少なくない（山本，2014：14-15）．

　言語能力の保持という観点からの分類では，母語を喪失し，2つ目の言語のモノリンガルになった人を減算的バイリンガル（subtractive bilingual；減殺バイリンガルともいう）と呼ぶ．それに対して，1つ目の言語を保持しつつ，2つ目の言語を習得した人は，可算的バイリンガル（additive bilingual，付加バイリンガル）と呼ぶ．継続バイリンガルと可算的バイリンガルは混同されやすいが，継続バイリンガルが2つの言語の習得過程に注目して，習得順序をいっているのに対して，可算的バイリンガルは複数の言語を習得するにあたって，喪失した言語がないことに着目した用語である．

　家庭と社会生活とで異なる言語を使用するバイリンガルの場合，子どもが最も楽に自分を表現できる言語が現地の言語になってくると，親が母語で話しかけても答えは別の言語で返ってくるというように，家庭内で使用される言語が一致しない状態が生じる場合がある．こうなると，家庭内の言語の選択に影響が生じ，親が方針の見直しを迫られる場合も多い．言語全般が喪失された状態ではなく，日常生活のやりとりは出身国の言語が使用できるが，本を読んだり，勉強をしたりという場合には，家庭の言語ではなく現地の言語だけを用いるというように，言語の機能に偏りがあるバイリンガルもいる．これは，部分的バイリンガル（partial bilingual）と呼ばれるもので，四技能のうち，いくつかの技能のみで優れたバイリンガルである．例えば，話す，聞くという口頭運用能力のみ持つが読み書きができない場合や，聞くことはできるが，話す，読む，書くはできないという場合もある．実際にはもっと複雑で，親とやりとりをする言語が話すときと聞くときで異なるという状況や，やりとりの相手が兄や姉である場合と弟や妹である場合とで，使用する言語が異なるという状況もある．

　家庭での共通言語がなくなると，家族で進路の話をするための共通の言語がない，あるいは出身国の祖父母や親戚と出身地の言語で話すことを嫌がるようになるという状況も生じる．また，親が現地語を身につけず，日常生活を自立

して送れないことで子どもが親を尊敬できなくなるという話を聞くこともある.

　母語を喪失し, 現地の言語のみのモノリンガルとなる減算的バイリンガルは, 少数派バイリンガルの場合に生じやすい. 日本の学校でも, 外国人家庭に対して, 日本語の能力を伸ばすために家庭でも積極的に日本語を使うように指導する事例がいまだにある. 家庭においては, 親が自信を持って話せる言語で話しかけ, 積極的に子どもと関わることが望ましい.

(c) バイリンガル教育の基本的概念・仮説

　言語形成期　　バイリンガル教育は言語形成期 (およそ 15 歳まで) の段階にいる年少者が対象で, それ以降の年齢が対象の外国語教育 (第二言語教育) とは分けて考えられる. 北米のバイリンガル教育や日本の外国人児童生徒教育の知見から, 中島 (2010：23) は, 言語の形成, 文化の形成においては 9 歳から 10 歳のあたりに分水嶺があるとして, 9 歳から 10 歳以前を言語形成期前半, それ以降を言語形成期後半と分ける. 研究者によっては, 4 歳までを特に「早期バイリンガル (early bilingual)」と呼び分ける場合もある (VanPatten and Benati, 2015).

　新しい言語に触れることになる入国時期が言語形成期の前半か後半かということで言語習得に影響が生じる. 中島 (2010) によると, 同じ 1 世でも言語形成期後半に来日した場合は母語の後退を阻止することが可能であり, 母語で読み書きの基礎ができているので, 日本語の習得でも教科学習でも何とか追いつく可能性を持っているのに対して, 言語形成期前半に移動した 1 世は, 母語を失って第二言語 (現地語) のモノリンガルになっていく可能性があるとされる. 現地生まれの 2 世の場合は現地語での会話は流暢であるにもかかわらず, 教科学習で必要とされる学習言語能力 (cognitive academic language proficiency；第 1 章第 2 節参照) で現地の子どもについていけず, 低学力が問題となることが多い.

　バイリンガル教育における言語形成期の段階に関する議論は, 言語の臨界期 (critical period) に関する議論と重なる. 臨界期とは, 十分な言語による働きかけややりとりがあっても, 言語習得が母語話者レベルに達することができなくなる発達の時期を指す. 臨界期仮説 (critical period hypothesis) は, ある

年齢を過ぎると，言語の習得が細部まで正しく運用される母語話者のレベルに達することは不可能になるとする仮説である．この時期は厳密な不可逆な時点というわけではなく，時期の制限が緩やかな場合，あるいは可逆な場合もあるため，敏感期，感受性期（sensitive period）と呼ばれることもある．

　大人への日本語教育と子どもへの日本語教育では有効な指導方法が異なる．中島（2016：152）は，幼児や小学校低学年までの子どもへの指導では，子どもが言語接触を通して文法的な規則を自分で発見していく力を持っていることを理解し，それをうまく使うということをすすめる．この時期の指導では，指導者は子どもが自ら言語規則を発見していくという言語習得をスムーズに行えるように，言語規則を教え込むのではなく，言語使用が必要に迫られるような自然な言語接触を心がけ，1対1のインターアクションの接触機会を提供することが必要であるといわれている．一方，言語形成期後半になると，モノリンガルの場合は小学校3年生ぐらいに音読よりも黙読が速くなり，小学校後半から中学校にかけては，教科学習を通して，漢字力，語彙力，作文力が急速に伸びる．読解力もつき，抽象的な内容を理解し，複雑な文章も読め，批判読みや鑑賞読みもできるようになってくるが，バイリンガルの場合は，この伸びになかなかついていけないことが問題となる（中島，2010：27）．

　年齢による指導方法の違いは第一言語獲得の時期における2つの言語処理の仕方とも関わる．井狩（2014：53-54）によれば，言語発達段階の始まりには子どもは音声を1つのまとまりとして捉えることから始める（全体的処理：holistic processing）．語彙の増える2歳くらいからは，かたまりを分けて捉えるようになる（分析的処理：analytic processing）．全体的処理から分析的処理に重点が移るのが8歳までで，それ以降は全体的処理，分析的処理を場面に応じて配分しながら機能させるという．

　分離説，共有説，言語相互依存仮説　　バイリンガル教育の理論的根拠となるのが，カミンズ（Cummins, 1979）の「言語相互依存仮説」である（第1章参照）．バイリンガルの二言語の力の関係については，歴史的に見て分離説と共有説という2つの立場がある．分離説では二言語の力には全く関係がなく，それぞれが独立するという考え方である．一方，共有説ではバイリンガルの二言語の力は深層面で共有される面があり，片方の言語で得た知識はもう1つの

言語での学習にも役立つ，つまり転移すると考える．中島（2011）によれば，分離説を支持する研究はほとんどないのに対して，共有説はほぼ150にも及ぶ研究で支持されること，言語間で違いが大きい日本語と英語，ベトナム語と英語というような組み合わせでも共有説が支持されることが分かっている．

　共有説は，氷山の喩えを使って深層面と表層面で言語力を説明する言語相互依存仮説へと発展した．転移が実証されている主な領域としては概念的知識，対話ストラテジー，メタ認知ストラテジー，音韻意識がある．概念的知識とは，例えば時間，光合成，三角形などの概念などである．母語で「今何時？」と聞かれて答えられる場合は，新しく習得する言語でもう一度時計の読み方から指導を始める必要はない．また，母語で「三角形」が何を指すか知っていれば，それに新しく"triangle"というラベルを貼ればよい．しかし，どの言語でも「三角形」の概念を知らなければ，どんな図形がその語の範囲に含まれるのか意味範囲が分からない（図 3.1）．「"triangle"はあなたの母語では「三角形」ですよ」と対訳をいわれても，そもそもその概念を持たない子どもにとってはその語の指す範囲までは伝わらないのである．

母語を介した第二言語の習得　　　**母語を介さない概念の習得**

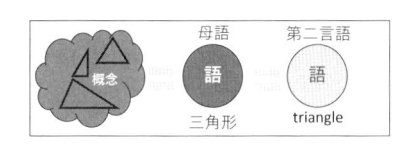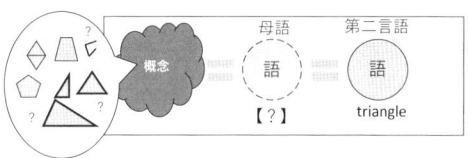

図 3.1　三角形という語の理解（左：母語で概念あり，右：母語で概念なし）

　外国人児童生徒等への日本語指導の1つとして，通訳支援が行われる場合があるが，対訳の語を教えるだけではなく，未習の学習項目では概念の説明をして，正しく理解してもらうことが必要になる．

　2つの言語能力　　　第1章で説明されているように，バイリンガル教育では1970年代にカミンズ（Cummins, 1979）が提唱したように日常会話に関する言語能力（basic interpersonal communicative skills: BICS）と抽象的・論理的操作が必要になる教科学習に関する言語能力（cognitive academic language proficiency: CALP）という2つの言語能力が区別される．これは1990年代以

降の分類では前者が会話の流暢度（conversational fluency: CF），後者が教科学習言語能力（academic language proficiency: ALP）にほぼ該当する．この発達には期間の差があり，自由に会話ができるようになるのは2年もあればよいのに対して，学力が十分発達するのには5〜7年かかるとされる（Cummins, 1981）（第1章第2節と第5章第2節も参照）．

　日本の外国人児童生徒等への日本語指導の現場でも，日本語で上手におしゃべりできるのに，教科学習で困難を抱えている子どもが存在するという現象が報告されている．日本語で周囲と流暢にやりとりができるようになると，周囲の教員，支援者からも言語的支援の必要性が意識されることが少なくなる．しかし，日常でのやりとりが成立していても，教科学習言語能力の発達途上の時期においては，継続して日本語支援が必要である．

　外国人児童生徒等への日本語支援を長年実践している田中（2015）の報告によれば，教科学習がうまくいかず，子どもが困っていることを自覚している場合もあるが，子ども自身に困っているという意識がないまま，授業中，何となく理解できるところを拾いながら，ぼんやりと過ごしてしまうこともあるようである．日本語習得が不十分なことが原因で，集団の中での行動のとり方が適切に理解できずに人間関係のトラブルに拡大する場合や，生活に乱れがある，やる気がないというような個人の生活態度や学習意欲の問題で学力が上がらないというように指導者や支援者から誤解される場合もあるという．

　閾値仮説　　閾値仮説(threshold hypothesis)はバイリンガルを言語能力，認知能力という観点から段階的に分類したものである（第1章第2節参照）．この仮説を用いれば，第2節（a）で触れたバイリンガルの多様性，すなわち複数の言語能力を同等に獲得して認知能力が優れたバイリンガルと，言語能力が十分に発達せず脳への負担があるバイリンガルの両方が存在することをうまく説明できる．

　下のレベルから順に，複数言語のすべてが年齢相当のレベルに達していない（ダブル）リミテッドバイリンガル（(double-)limited bilingual，（二重）限定バイリンガル），言語のうちの1つが年齢相当のレベルに達しているドミナントバイリンガル（dominant bilingual，偏重バイリンガル），複数の言語が相対的に互角でほぼ均衡なレベルに達しているバランスバイリンガル（balanced bilingual, 均衡バイリンガル）がある．これよりも上の段階として，理想的には2つの言語において能力の差はなく，まるで2人のモノリンガルが，ある一人の人間の中に共存している状態のバイリンガルとして二重バイリンガル（ambilingual）が想定される．これは第1節の「最大限」の定義のバイリンガルで，現実には存在しないと考えられている（山本, 2014）．これとは逆に，（ダブル）リミテッドバイリンガルは，定義づけから分かるように，言語目標としてのモノリンガルの言語知識，言語使用と比較し，バイリンガルは劣っていると捉えるものであり，問題がある．かつてはセミリンガル（semilingual）とも呼ばれたが，研究者，教育者から批判を受け，呼び替えが進んできたという経緯がある（山本, 2014）．

(d) バイリンガル教育

バイリンガル教育の方式にはサブマージョン（submersion），イマージョン（immersion）がある（第5章第2節参照）．この2つの方式は，集団で行われるバイリンガル教育の形態であるという点で共通する．しかし，ある一人の子どもの目線から見たときには，教室の中でその子が言語的多数派（マジョリティー）なのか，少数派（マイノリティー）なのかという点で大きな違いがある．サブマージョンは本節で説明した少数派バイリンガル，イマージョンは主流派バイリンガルに向けた教育になることが一般には多い．

表3.1のとおり，サブマージョンは，同一の言語Aを母語として持つ教室集団の中に別の言語Bを母語とする子どもが入れられ，言語Aを使って教育カリキュラムが学ばれる．サブマージョンでは，「必死で泳げ，さもなくば沈め（sink or swim）」という言葉で表されるように，教育的配慮や支援に欠けたままで第二言語環境に投入される場合さえある．子どもにとっての第二言語のみで教育が行われるため，その子の言語や文化が顧みられない場合，母語で

表3.1　サブマージョンとイマージョンの言語環境

	サブマージョン	イマージョン
教室での使用言語	言語A	言語B
新来の児童生徒	言語B	言語A
クラスメート	言語A	言語A
教師	言語A	言語A　言語B

も第二言語でも言語能力が低いままとなり，その結果として学業でつまずく（Cummins, 1978）．サブマージョンの環境では，授業についていくのに苦労し，強い子は何とか泳ぎ切るが，弱い子は溺れてしまう可能性が高い（中島，2016）．言語相互依存仮説にも合致するように，母語を保持した場合，少数派言語を母語とするバイリンガルの子どもであっても第二言語で高いレベルに到達するといわれる（Cummins, 1978）．母語の能力が高ければ，第二言語の能力も高くなる（第 2 章第 2 節参照）．

　母語保持ができるかどうかが第二言語の能力を左右することが明らかになっているにもかかわらず，実際のところ，少数派言語を母語とする子どもは学校で母語使用を認められない場合がある．サブマージョンはその典型的な状態である．第二言語だけの環境に集中的にさらされ続けることは母語の発達を妨げることになり，その結果，母語でも教科学習の困難さを生み，さらにはそれが第二言語の発達を妨げる（Cummins, 1978）という悪循環に陥る．

　もう一方のイマージョンは，同一の言語 A を母語として持つ児童生徒の集団において目標言語（習得を目指す言語）の言語 B を教室言語として用いながら教育カリキュラムが学ばれる．言語 B そのものを学ぶのではなく言語 B を使って，リテラシーや教科内容を学ぶ方式である．

　イマージョンには下位分類がある．教室で使用する言語の割合による分類では，両言語の割合がいずれも 1 年間の総学習時間の 50％以下となる教育を部分イマージョンまたはパーシャルイマージョン（partial immersion）と呼ぶ（中島，2016：101）．50％以上を目標言語で指導する教育をトータルイマージョン（total immersion）とする．開始時期によって分類した場合は，幼少期から開始されるのが早期イマージョン，小学校 4，5 年生から開始されるのが中期イマージョン，中学校から開始されるのが後期イマージョンとなる．

　カナダでは，1960 年代から早期トータルイマージョンが，英語とフランス語という二言語の能力を伸ばすことを目指して実施されてきている．中島（2016）では早期トータルイマージョンの原型である，カナダのセント・ランバート小学校で 1965 年に始まったフレンチイマージョンの形式について紹介している．義務教育の区分は州によって異なるが，14 年の義務教育のうち，子どもの母語である英語を指導者が用いるのは幼児教育（preschool）の 1 年目だ

けで，幼児教育2年目から小学校低学年（G1，G2）までの3年間は，教師は目標言語のフランス語のみを用いる．子どもは，幼児教育では英語とフランス語のいずれを用いてもよいが，初等教育1年目のG1（小学校1年生）からはフランス語を使用するように指導される．各言語を使用する授業時間の割合は，初等教育前半のG1，G2（小学校1，2年生）ではフランス語が100％，G3，G4（小学校3，4年生）ではフランス語70〜80％と英語20〜30％，初等教育後半のG5〜G8（小学校5年生〜中学2年生）ではフランス語50％と英語50％というように，段階的に変わる．高等教育（secondary school）以降はいくつかの教科に絞る形で，フランス語で授業が実施される．教育内容としては，初めはフランス語で読み方を学ぶ．G3，G4（小学校3，4年生）で英語のリテラシー能力育成がカリキュラムに取り入れられ，もっと上の学年になると英語で教科学習が行われる（Swain, 1997）．カナダの早期トータルイマージョンはすべての子どもに実施されるわけではなく，その学校や教育システムを選んだ子どもに対して選択で行われているという特徴がある．

教育環境においてフランス語を積極的に用いることで母語である英語の能力に悪い影響が出るのではないかという懸念が生じるが，これは「ない」ことが分かっている．早期トータルイマージョンを受けた子どもは英語だけで教育を受けた子より，はじめは英語標準テストの成績で遅れをとるが，のちに巻き返し，同等かよい成績になることが分かっている．その一方で，イマージョンプログラムの課題として，子どもは産出能力より受容能力で優れること，文法や語彙の正確性に課題があることが明らかになっている（Swain, 1997）．

第3節
日本の現状

（a） 多文化共生社会としての日本の現状

本節では，多文化共生社会を迎えた日本の言語教育の状況について，日本の学校での外国人児童生徒等に対する教育に焦点を絞り，バイリンガル研究，バイリンガル教育との関係から捉え直してみたい．まずは外国人児童生徒等の日本の学校への在籍状況と日本語指導の状況を把握するために，文部科学省の2つの統計資料を参照することから始めよう．

(b) 外国人児童生徒等に対する日本語指導

　日本の学校に通う外国人児童生徒数は，文部科学省「令和4年度学校基本調査」（表番号52，79，139）で見ることができる．それによれば，令和4（2022）年5月1日現在で全国の小学校に在籍する外国人児童数は78,173人，中学校に在籍する外国人生徒数は30,207人，高等学校に在籍する外国人生徒数は16,201人である．このうち，学校教育の中で日本語指導を受けている外国人児童生徒数については，別の統計資料「日本語指導が必要な児童生徒の受入状況等に関する調査」を参照することになる．

　令和3（2021）年5月1日を基準とした「日本語指導が必要な児童生徒の受入状況等に関する調査」によれば，公立小中高等学校，義務教育学校（小中一貫教育を行う学校），中等教育学校（中高一貫教育を行う学校），特別支援学校における日本語指導が必要な児童生徒数は，58,307人で前回（平成30（2018）年）調査より7,181人（14.0%）増加している．このうち，日本語指導が必要な外国籍の児童生徒数は47,619人，日本語指導が必要な日本国籍の児童生徒数は10,688人である．日本語指導が必要な外国籍の児童生徒を言語背景（家庭および日常生活において，比較的使用頻度の高い言語）別でみると，ポルトガル語を母語とする者の割合が25.1%で，全体の約1/4を占める．二番目が中国語で20.9%，三番目がフィリピノ語で15.7%，日本語が4.1%となっている．日本語指導が必要な日本国籍の児童生徒を言語背景別に見ると，日本語の割合が28.7%で最も多く，二番目がフィリピノ語で21.5%，三番目が中国語で17.5%となっている．この結果からも，家庭や日常生活で使用頻度の高い言語（母語）として日本語を挙げる場合も，日本語指導が必要な状況にある子どもがいることが分かる．

　文部科学省は1991年より「日本語指導が必要な外国人児童生徒の受入状況等に関する調査」を開始し，公立学校における日本語指導が必要な児童生徒数を報告している．2012年度の調査から日本語指導が必要な児童生徒について，日本国籍を持つ児童生徒の把握も始めたことから，「外国人」ということばが削除され，「日本語指導が必要な児童生徒の受入状況等に関する調査」という名称に変更された（櫻井, 2018）．この調査では「日本語指導が必要な児童生徒」かどうかという判断が学校の管理職や担当教員に任されていることが特徴であ

る.

　現在は外国人の日本滞在の長期化, 定住化が進んだこと, 国際結婚が増加したことによって, 日本で生まれ育つ外国人の子どもが増加している (小島, 2022). また, 日本国籍を持つ子どもの中にも, 外国生活の長い日本人家庭の子ども, 外国人が日本国籍を取得した家庭の子ども, 国際結婚で両親の一方が日本人である家庭の子どもなどが含まれる (齋藤, 2022：6).

　以上の結果から, 2つの統計資料で基準日や対象は一致しないものの, 日本の学校に通う外国人児童生徒には「日本語指導が必要」とされる児童生徒とともに,「日本語指導が必要」とされない児童生徒も半数程度存在していることが分かる. さらには, 日本国籍の児童生徒で, 家庭および日常生活において比較的使用頻度の高い言語 (第1節で説明したスクトナブ゠カンガスの母語の定義のうち, ③機能：最も頻繁に使用する言語に当てはまる) として日本語を挙げていても, 日本語指導が必要な場合があることも分かる.

　外国籍の児童・生徒, あるいは日本国籍であるが家庭において多言語環境で育つ児童・生徒は空間的・言語的・文化的移動が頻繁である (川上, 2008). そのため, モノリンガルの子どもと比較すると, 使用言語, 日本滞在歴, 日本への入国時期, 一時帰国 (出国) の有無, 日本語能力, 学習状況などが様々であり, 極めて多様な集団となる.

(c) 日本の学校教育での指導形態

　日本の学校教育の中で行われる日本語指導では, 取り出し指導, 入り込み指導という2つの指導形態が用いられる. 取り出し指導とは,「日本語指導が必要な児童生徒」に在籍学級とは異なる教室 (国際教室など) へ移動してもらい, そこで日本語指導者や母語通訳支援者が日本語指導や教科学習の補習を行う指導形態である.「日本語指導が必要な児童生徒」の在籍数が少ない地域 (散在地域と呼ばれる) では, 近隣の学校に通学する児童生徒を一か所に集めて指導する場合もある. 入り込み指導とは, 児童生徒の在籍学級に日本語指導者や母語通訳支援者が入り, 授業内容の補足説明をしたり, 教師やクラスメートの発言を通訳・翻訳したりする指導形態である.

　取り出し指導は一時的に効果をあげられるが, 在籍学級に戻って教科学習の授業に参加したときに, 授業で期待される言語能力とのギャップが大きく, そ

れを埋めることができないことが多いという問題があることが分かってきた（Thomas and Collier, 2002；中島, 2010）．そこで，そのギャップを埋められるように，文部科学省は取り出し指導における基本的な指導内容，指導方法を「プログラム」として，『外国人児童生徒受入れの手引 改訂版』（文部科学省総合教育政策局男女共同参画共生社会学習・安全課, 2019）において公開している．具体的には日本語能力の育成に重きを置く「サバイバル日本語」プログラムから始まり，「日本語基礎」プログラム，「技能別日本語」プログラム，「日本語と教科の統合学習」プログラムと，段階的に在籍学級での授業につなげられるように構成されている．このプログラムに沿って指導すれば，日本語のリテラシー能力を伸ばし，児童生徒にとって必要な教科などの内容と日本語表現とを組み合わせて指導を行えるように配慮されている．

　この指導方法では，すべての児童生徒に統一したカリキュラムはなく，担当する児童生徒に合わせて個別に計画を立てて指導を実施することになっている．よって，プログラムの次の段階への移行時期は子どもによって異なる．例えば，児童生徒が出身地の言語で漢字を用いるのであれば，その意味概念に関する知識をある程度転移させることができるので，日本語指導におけるアドバンテージは大きい．例えば「三角形」は中国語の漢字でも「三角形(sānjiǎoxíng)」となる．とはいえ，目で見て漢字の意味を理解できるため，日本語の漢語の読み（発音の仕方）の学習をおろそかにしてしまい，口頭による説明では意味を理解できないという場合もある．以下の事例を見てほしい．

（1）中国から来日して5か月の中学生の生徒と指導者との会話
　　生徒：　「今日の数学は中国で勉強したとこ.」
　　指導者：「あらそう，よかったね．ほっとしたでしょう.」
　　生徒：　「違うの．授業始まる時はぁ，嬉しかったけど，中国で勉強したから知っているでしょ．けどできなかった．悔しい.」
　　指導者：「どうして．授業の進み方はそんなに速かったの.」
　　生徒：　「ううん．頭の周りをン〜ン飛ぶ蝿，勉強できない，先生わかる.」
　　指導者：「蝿がいたの．暑いからね．かわいそうに.」
　　生徒：　「違うよう．先生が私のノート見た．そして，たくさん言うでしょ

う．頭の周り，ン〜ンの蠅がいっぱい．中国でできたことみんな忘れた．」（後略）　　　　　　　　　　（田中，2015：25-26）

　目で見て意味が分かるが，聞き取れない日本語の漢語の音を含む授業での説明が中国出身の生徒にとっては蠅の音のように意味を持たない，あるいは不快に聞こえるということを表すエピソードである．

　さて，2000年代から北米のバイリンガル教育研究で提唱された理論に裏打ちされたプログラム（櫻井，2018）の普及が日本でも進んでいる．しかし，バイリンガル教育という視点で捉え直すと，学校教育の言語指導で現在の主流となっている，国際教室の設置，日本語指導者の加配，取り出し指導，入り込み指導の実施などは，日本語の伸長を図ることに特化しており，子どもの母語の継続的発達に直接的に寄与しない教育システムとなっている．バイリンガル児童生徒の母語の伸長を目指した取り組みとしては，通常の学校教育の範囲内では，バイリンガル児童生徒の母語の分かる支援協力者や指導員などが母語を使って教科学習の先取り学習を行うことが主な手立てとなる．課外，学校外での取り組みとしては，子どもの言語を母語とする外国人，地域の住民などが中心となって，母語（継承語）での本の読み聞かせやおしゃべり会，宿題支援などを行う取り組みが展開されている地域もある．

‖‖‖‖‖‖‖‖‖‖‖‖‖‖‖　第2部　今後の展望　‖‖‖‖‖‖‖‖‖‖‖‖‖‖‖

第4節
現在の問題

　現在の問題と今後の展望を考えるにあたって，本章で扱ったバイリンガル研究，バイリンガル教育で前提となる「複数の言語に囲まれて育つ子どもの目線」を通して日本の学校での言語環境を見直してみよう．まず，学校教育の現場で使用される言語は，国語科はもちろんのこと，社会科，理科，数学科など，英語（あるいはその他の外国語）以外のすべての教科において日本語である．つまり，これらの教材はすべて日本語で書かれたものであるし，教師の説明も，プリントやテストも日本語である．学校での放送や掲示物，そしてクラスメートとの会話も日本語である．このように，日本の学校では日本語を用いる場面

がほとんどで，言語使用という観点から見て非常に均質性の高い空間である．何の手立てもされていない場合，これを外国人児童生徒の立場から捉えるとサブマージョンの環境であることが分かる．それに加えて，日本の教育課程では日本の社会や文化について学ぶことが暗黙の前提となっている．例えば，国語では日本の民話や文学作品，算数ではかけ算の九九をはじめとする日本式の計算の仕方，社会科では日本の歴史・地理・政治の仕組み，理科では日本の植物や動物が多く学ばれることに加えて，授業の進め方，生活指導などにも日本の規範が隠れている（松尾，2013）.

　日本で生活する外国人児童生徒等が抱えやすい，言語に起因する問題としては，学校生活の中で日本語能力や言語文化の違いなどの壁にぶつかり，その結果として欠席が目立つようになったり中途退学したりすることである．また，先進的な地域や学校を除いては，日本の学校で実施される教科のテストも入学試験も一般には日本語を用いて実施される．自治体によって基準は違うが，高等学校入学者選抜試験では外国人児童生徒等に対しては，漢字にルビを振ったり，教科を少なくしたり，解答時間を延長したりするなどの配慮がされている（外国人生徒・中国帰国生徒等の高校入試を応援する有志の会，2022）．しかし，この方法では，外国人児童生徒等の持っている深層の学力を十分に測ることはできない．もう1つの問題として，親は日本語ができないので，子ども自身が学校への提出物を記入する，家族の通院の際の通訳のために学校を休むといった，ヤングケアラーとしての事例も身近にある．

┃ 第5節
┃ これから何が問題になるのか

　本章で示したように，バイリンガルの定義自体は研究者，研究分野によって様々であり，バイリンガルの社会的背景も個人的背景も多様である．米国では，バイリンガル教育に関する政治的立場は English Only 派と English Plus 派に二分されている．English Only 派は，「米国に住むのだから，英語を身につけるべきである」という主張でバイリンガル教育には否定的立場である．一方，English Plus 派は，移民の言語を資源と捉え，バイリンガル教育を容認する立場である．それぞれの主張にバイリンガル研究の結果が用いられているという（飯野，2003）．「多様性の中の統合」を理念とする欧州連合（European Union:

EU）では，言語・文化の価値の平等性を保障するために，複数の言語が共存する社会，個人の状態を目指している（安江，2021：3）．複数の言語が共存する状態として，従来の「多言語主義（multilingualism）」による言語教育の捉え方では，複数の言語が社会や個人の中に個々に存在し，その各言語で母語話者の言語能力に近づくことが教育目標とされてきた．それに対して，EU が提唱する「複言語主義（plurilingualism）」では，母語話者の言語能力を目指すのではなく，手持ちの言語能力を資源と捉え，それを総動員して社会で行動できる自律した言語使用者を育成することが教育目標となる．

　バイリンガルかそうでないかに関わらず，子どもが生まれてすぐ（あるいは胎児期）から始める言語接触の場面においては，子どもは自分の意思で言語を選ぶことはできない．言語形成期の子どもは，自分の周りに存在している言語環境に身を置くが，その言語環境は，社会システム，教育システムによって所与のものとされ，個人の意思を超えたところで選ばされているという一面も垣間見える．バイリンガリズムという現象をめぐった探究を通して，言語と個人，言語と社会の関係について考えるきっかけとなるだろう．

推薦図書

　バイリンガリズム，バイリンガル研究について全般的な基礎知識を得たい場合は，Baker（1993）［岡（訳），1996］と山本（2014）で概観できる．バイリンガル教育に関心があるならば，中島（2010）で日本国内外のバイリンガル教育の現状が分かる．日本国内の子どもの日本語教育に関する概説書で現場の指導者にも手引きとなるのは西川（2022）である．複言語主義とそれに基づく言語学習のガイドライン（Common European Framework of Reference for Languages: CEFR）に関しては，奥村ら（2016）が分かりやすい．

文　献

Baker, C. (1993) *Foundation of Bilingual Education and Bilingualism*, Multilingual Matters. ［岡　秀夫（訳）（1996）『バイリンガル教育と第二言語習得』大修館書店.］

Cummins, J. (1978) Educational implications of mother tongue maintenance in minority-language groups. *The Canadian Modern Language Review* **34**(3): 395-416.

Cummins, J. (1979) Linguistic interdependence and the educational development of bilingual children. *Review of Educational Research* **49**: 222-251.

Cummins, J. (1981) The Role of Primary Language Development in Promoting Educational Success for Language Minority Students. In California State Department of Education (ed.) *Schooling and Language Minority Students: A Theoretical Rationale*, pp. 3-49,

California State University.

外国人生徒・中国帰国生徒等の高校入試を応援する有志の会（2022）「資料 III 日本語を母語
　　としない生徒のための高校入試措置一覧」荒牧重人ほか（編）『外国人の子ども白書　第
　　2版—権利・貧困・教育・文化・国籍と共生の視点から』pp. 286-291，明石書店.

Halliday, M. A. K. et al. (1964) *The Linguistic Sciences and Language Teaching*, Longmans,
　　Green and Co.

Haugen, E. (1969) *The Norwegian Language in America: A Study in Bilingual Behavior*,
　　Indiana University Press.

飯野公一（2003）「V-③ バイリンガリズムと社会— English Only vs. English Plus」飯野公
　　一ほか（編著）『新世代の言語学—社会・文化・人をつなぐもの』pp. 184-192，くろし
　　お出版.

井狩幸男（2014）「第4章 言語能力の発達と認知能力の発達」山本雅代（編著）『バイリン
　　ガリズム入門』pp. 51-63，大修館書店.

川上郁雄（2008）「「移動する子どもたち」のプロフィシェンシーを考える— JSL バンドスケー
　　ルから見える「ことばの力」とは何か」鎌田　修ほか（編）『プロフィシェンシーを育
　　てる—真の日本語能力をめざして』pp. 92-109，凡人社.

小島祥美（2022）「第1章03 日本で生まれ育つ外国人の子どもたち」荒牧重人ほか（編）『外
　　国人の子ども白書 第2版—権利・貧困・教育・文化・国籍と共生の視点から』pp. 25-
　　26，明石書店.

松尾知明（2013）『多文化教育がわかる事典—ありのままに生きられる社会をめざして』明
　　石書店.

文部科学省（2022）「日本語指導が必要な児童生徒の受入状況等に関する調査結果の概要（速
　　報）」
　　https://www.mext.go.jp/content/20220324-mxt_kyokoku-000021406_02.pdf（最終アク
　　セス日：2023/3/5）

文部科学省（2022）「令和4年度学校基本調査」（政府統計の総合窓口（e-Stat）より入手）
　　https://www.mext.go.jp/b_menu/toukei/chousa01/kihon/1267995.htm（最終アクセス
　　日：2023/3/5）
　　小学校（表番号52）
　　https://www.e-stat.go.jp/stat-search/files?stat_infid=000032264737（最終アクセス日：
　　2023/3/5）
　　中学校（表番号79）
　　https://www.e-stat.go.jp/stat-search/files?stat_infid=000032264764（最終アクセス日：
　　2023/3/5）
　　高等学校（表番号139）
　　https://www.e-stat.go.jp/stat-search/files?stat_infid=000032264824（最終アクセス日：
　　2023/3/5）

文部科学省総合教育政策局男女共同参画共生社会学習・安全課（編著）（2019）『外国人児童
　　生徒受入れの手引 改訂版』明石書店.

中島和子（2010）『マルチリンガル教育への招待言語資源としての外国人・日本人年少者』ひ

つじ書房.

中島和子 (2011)「序章 カミンズ教育理論と日本の年少者教育」カミンズ, ジム・中島和子 (訳著)『言語マイノリティを支える教育』pp. 13-59, 慶應義塾大学出版会.

中島和子 (2016)『完全改訂版 バイリンガル教育の方法— 12 歳までに親と教師ができること』アルク.

西川朋美 (編) (2022)『外国につながる子どもの日本語教育』くろしお出版.

奥村三菜子ほか (2016)『日本語教師のための CEFR』くろしお出版.

Peal, E. and Lambert, W. E. (1962) The relation of bilingualism to intelligence. *Psychological Monographs: General and Applied* **76**(27): 1-23.

齋藤ひろみ (2022)「外国人の子どもの学習を取り巻く問題」齋藤ひろみ (編著)『ハンディシリーズ発達障害支援・特別支援教育ナビ 外国人の子どもへの学習支援』pp. 4-16, 金子書房.

櫻井千穂 (2018)『外国にルーツをもつ子どものバイリンガル読書力』大阪大学出版会.

Skutnabb-Kangas, T. (1981) *Bilingualism or Not: The Education of Minorities*, Multilingual Matters.

Skutnabb-Kangas, T. (1988) Multilingualism and the Education of Minority Children. In T. Skutnabb-Kangas and J. Cummins (eds.) *Minority Education: From Shame to Struggle*, pp. 9-44, Multilingual Matters.

Swain, M. (1997) French Immersion Programs in Canada. In J. Cummins and D. Corson (eds.) *Encyclopedia of Language and Education, Vol. 5: Bilingual Education*, pp. 261-269, Kluwer Academic Publishers.

田中　薫 (2015)『学習力を育てる日本語指導—日本の未来を担う外国人児童・生徒のために』くろしお出版.

Thomas, W. P. and Collier, V. P. (2002) *A national study of school effectiveness for language minority students' long-term academic achievement.*
https://eric.ed.gov/?id=ED475048 (最終アクセス日：2023/3/5)

VanPatten, B. and Benati, A. G. (2015) *Key Terms in Second Language Acquisition*, second edition, Bloomsbury Publishing.

山本雅代 (2014)「第 1 章 バイリンガリズム・バイリンガルとは」山本雅代 (編著)『バイリンガリズム入門』pp. 3-19, 大修館書店.

安江則子 (2021)「第 1 章 欧州における「多様性の中の統合」と多言語・複言語社会」西山教之・大木　充 (編)『CEFR の理念と現実 理念編 言語政策からの考察』pp. 1-18, くろしお出版.

第一言語習得（母語習得）

◆ キーワード
経験論，生得論，制約理論，統計学習，社会的認知

　　言語習得の研究は，時代の認知科学，心理学，言語学における関心の変遷の影響を受けながら発展を続けてきた．本章では，言語習得の過程について，隣接分野との関連の中でどのような問題が研究の対象になってきたかを概観する．具体的には，人間の言語習得を可能にする能力が認知科学においてどのように議論されてきたのか，その経緯を概観する．その上で，語意（word meaning）[1] 習得においてそれらの考えが実際の研究にどのように反映されてきたのかを紹介する．さらに本章の後半では，言語習得研究の問題について，統計学習，社会的認知能力，身体性の観点から考察し，今後の研究の展開について議論する．

|||||||||||||||||||||||||||||||| **第 1 部　現在までの流れ** ||||||||||||||||||||||||||||||||

第 1 節
これまで何が問題とされてきたか

　　子どもが言語を習得していく様は，まるで魔法のようだ．生まれたばかりのときには目を合わせることも難しかった子どもが 3 か月も経てば大人からの働きかけに笑顔で返してくれるようになる．また最初は泣き声で不快を訴えるだけであったのに，生後半年もすれば声で私たち大人の注意を引き，呼び止めようとする．さらに生後 1 年ほどが過ぎ，初めてのことば，すなわち初語を発した後の子どもの言語の習得ペースは驚異的である．近年の調査によれば，日本語を母語とする子どもの語彙数は 12 か月時点では平均 4 語程度であるが，18か月で 34 語，2 歳になれば 200 語というペースで語彙を増やしていくようだ（小椋ほか，2019）．

---

[1]　言語習得の分野では語意習得（word meaning acquisition）と語彙学習（vocabulary learning）は区別される．本章では前者に焦点を当て議論を進める．

　子どもは生まれてからの数年でことばによるコミュニケーションに熟達していく．このペースは大人から見ると本当にあっという間に思える．さらに私たちの興味を強く惹きつけるのは，子どもはこれらの語彙を，机に向かって必死に勉強しているわけではなく，日々の生活の他者とのやりとりの中で身につけていくという事実だろう．いったい子どものどのような能力が，また人間社会の持つどのような特徴が，このようなことばの習得を支えているのであろうか．この問題は，これまで人間の学習に関心を持つ研究者，発達に関心を持つ研究者，ことばの習得に関心を持つ研究者などの幅広い関心を惹いてきた．

　本章では，子どもの言語の習得過程について，これまでの議論を整理し，またこれからの課題を整理することを目的とする．第1部では，1990年代までの言語習得研究について行われた重要な諸理論について，第2部では，2000年代以降現在に至るまで，言語習得の研究がどのような新しい問題に取り組んでいるかについて論じる．

第2節
経験論と生得論

　人間の発達の過程に表れる様々な発達的変化は，大きく分けると環境的要因と生得的要因の相互作用によって説明されると考えられている．環境的要因とは，生まれてから養育者や社会から受ける経験の影響を指し，生得的要因とは，遺伝的に備わった特性の影響を指す．相対的にどちらの役割が大きいかについては発達の様々な領域によって大きく異なる．例えば近年の行動遺伝学の報告によれば，「身長」や「体重」などの個人差については遺伝的要因によってほぼ説明ができるが，外向性や神経質性などのパーソナリティについては環境の影響が遺伝をやや上回るくらいになると考えられている（安藤，2017）．

　では，言語についてはどうだろうか．言語は，人間以外の種には同じようなコミュニケーションの手段が観察されにくいために，人間という種に固有であるという意味で生得的要因の影響が大きいとも，また子どもは自分の生まれてきた環境に合わせて英語，中国語，日本語などの異なる言語を学ぶわけであるから環境的要因が大きいとも主張されてきた．もちろん，他の領域と同様に，言語の領域も間違いなく両方の側面を含むのであるが，第3節以降ではまず，経験論の最も強い主張であると思われる行動主義心理学の立場と，生得論の代

表的な主張である生成文法理論の立場を取り上げ，続いてそれらの議論を出発点として1990年代までにどのような議論が起こったか，制約理論と文化学習の話題を取り上げる．

第3節
行動学習理論

　言語習得に関する経験論的立場として，最も強い説の1つは，行動学習理論（behavioral theory of learning）に基づく説明である．行動学習理論は，人間を含む動物のあらゆる行動は，主体の行動や刺激に対する反応と，それに随伴して起こる環境の変化が対応づけられる（連合する）ことによって学習されると考える理論である．代表的な例の1つは，行動心理学者のスキナーによって整理された，オペラント条件付けと呼ばれる行動学習のメカニズムだろう（Skinner, 1957）．オペラント条件付けは，動物の自発的な行動とそれに伴う環境の変化が連合することを説明する．例えば，ある飼育箱の中にレバーが設置されており，その中に一匹のネズミが入れられる．箱の中のレバーを押すと，餌が供給されるようになっているが，もちろんネズミはレバーと餌の関係を知る由もない．しかし箱の中を動き回っているうちに，ネズミが偶然レバーを押してしまい，餌にありつけることがある．このようなことが繰り返されるうちに，「レバーを押す」というネズミの自発的な行動と，「餌が出現する」という環境の変化の関係が強化されていくのである．行動学習は，多くの生物に見られる非常に一般的な学習のメカニズムである．スキナーは言語習得を言語行動（verbal behavior）の学習とみなし，行動学習として一般化する可能性を探った．例えば，子どもが大人の模倣を通じて「ミルク」と発声したときに，養育者からミルクを与えられるという経験を多くすれば，「ミルク」という発声によって特定の他者の行動を引き出すことを学習するだろう．これは言語によって「要求」を行ったことを学習したことになる．また，子どもが「ブーブー」と発声したときに，養育者が目の前の車に注意を移し「車だね」と答えたり，「ブーブーだね，上手にお話しできたね」と微笑んだりというような反応を引き出すことを多く経験したとする．これを報酬として学習を行えば，「報告」という行動を学習することができるだろう．スキナーはどのような言語のやりとりがどのような行動の変化を実現し得るかに着目し，種々の機能がどのよう

に行動として学習され得るかについて論じたのである.

　行動学習理論は人間だけでなく生物一般の学習を説明する非常に強力な理論であり, 言語を含む人間の多くの学習に強い影響を与えていることは疑いがない. ただし, この理論のみで人間の言語習得をカバーできるかということをめぐり, その後大きな議論が起こることになった.

第4節
生成文法理論

　行動学習に基づく言語習得観に対する最も有名な批判はチョムスキーによるものだろう (Chomsky, 1959). この批判の最大のポイントは, 刺激の貧困 (poverty of stimulus) と呼ばれる問題である. 言語行動としての言語習得が行われるためには, 養育者から安定した刺激および反応に対するフィードバックが与えられることが必要である. しかし, 実際の子どもと養育者のコミュニケーションにおいて養育者はいつもフィードバックを行うわけでもないし, また正しいフィードバックを行うわけでもない. つまり養育者は子どもの行動にいつも反応を行うわけでもないし, また常に文法的に誤りのない正しい文で子どもに話しかけるわけでもない. それにもかかわらず, 子どもは非常に短い期間のうちに語や文を産出できるようになるし, さらには学習場面として与えられなかったような状況においても新しい文を正しく産出できるようになる. つまり, 行動学習が成立するために必要な刺激およびフィードバックの質と量が, 子どもが習得する言語行動と釣り合っていないことをチョムスキーは指摘した.

　そこでチョムスキーが提案したのは, 経験的に言語習得を説明するのが難しいのであれば, 生得的に言語習得を牽引するような心のはたらきである言語獲得装置 (language acquisition device: LAD) が人間には備わっているのではないかというアイディアであった (Chomsky, 1957). そしてこの LAD の中心として考えられたのが, 統語的知識であった. 言語の非常に重要な特徴の1つとして, それまで聞いたことがなかったような新しい文を創造的に生産できることが挙げられる. 十分なフィードバックがなくてもこのようなことが可能になるのは, 子どもはこの組み合わせを行うためのルールをあらかじめ持っているためではないかと考えたのである. この知識は普遍文法 (universal gram-

mar）と呼ばれ，それがどのような構造をしているのかについて半世紀にわた
り探究が続いている．

　行動学習理論があくまで人間の行動に着目したのに対し，チョムスキーのア
イディアは，研究の主眼を心のはたらきに移したという点で革新的だったとい
える．また，この心のはたらきが記号論理的な計算モデルで表せるルールだっ
たことは，心理学や言語学のみならず情報科学や哲学や数学など多くの分野の
研究者の関心を惹いた．それは同時期に巻き起こった認知科学という学問的一
大ムーブメントの中心領域の 1 つとなったのである．

第 5 節
制 約 理 論

　経験論と生得論をめぐる議論は，その後現在に至るまで言語習得研究に大き
な影響を与えている．中でもまず議論を牽引したのはやはり生得論だろう．こ
のことは言語習得に限った話ではないのだが，20 世紀後半，発達心理学領域
において新生児や乳児の認知機能を測定する方法論が著しく発展し，子どもが
驚くほど早い段階から世界についての豊富な知識を有していることが明らかに
なってきたのである．これらの発見には，例えば生後 1 年に満たない子どもが
物体の永続性に対する理解（物体が見えなくなっても存在が消えたわけではな
いことに対する理解）を示したり，有生／無生の区別を行っていたり，他者意
図の存在を理解したりすることなどが含まれる（総説として Carey, 2009 など）．
このような知識の習得は，環境からの学習によって獲得されると考えるにはあ
まりに早すぎるため，人間が生得的に持っている能力である可能性が強く意識
されることになった．

　言語習得の領域においても，この潮流は見られた．普遍文法は言語の様々な
要素の中でも特に統語的知識に焦点を当てたものであったが，その後，音韻や
語などの習得に関しても生得論に基づく議論が隆盛することになったのであ
る．1980 年代後半から 1990 年代に巻き起こった語学習における制約理論は
その代表的なものだろう．ここではこの領域における議論を紹介したい．

　語の学習において長きにわたり問題とされてきたのは，帰納学習の不可能性
の問題であった．例えば目の前のネコに対して養育者から「猫だよ」と子ども
が教えてもらったとして，その語や文の指し示し得る対象には非常に様々な可

能性がある．「猫」が指し示しているのはネコの体全体かもしれないし，目や耳のような部分かもしれない．ネコの色のような属性のことかもしれないし，もしかすると毛繕いをしている動作を指しているかもしれない．このような思考実験は，子どもが事例の一般化，すなわち帰納推論に基づき語の意味を推論することの難しさを教えてくれる．そしてもし経験的に意味を推論することが難しいのであれば，意味の推論に対して何かしらの事前知識に基づく偏りが働くのではないかと考えるのが制約理論の考え方である．実際にこの制約理論に基づき，1990 年前後に多くの研究が展開された．例えば子どもは物体に名づけをされたときに，それを部分や属性ではなく物体全体に対して名づけられたと推論するという事物全体制約（whole object principle）や子どもは 1 つの対象に対して 1 つの名づけを考えるという相互排他制約 (mutual exclusivity)（例えば Markman, 1989），また子どもは物体に対して新しい名づけがされた際，物体の様々な属性の中でも形に対してその名前を汎化する傾向があるという形バイアス（例えば Landau et al., 1988）などが提案された．またグライトマンは，子どもが名詞や動詞などの統語構造に関する知識をあらかじめ持っており，この知識を用いて語の意味を推論することができるという統語的ブートストラッピング仮説（syntactic bootstrapping hypothesis）を提唱した（Gleitman, 1990）．この仮説によると，例えば子どもは他動詞文における統語構造が動作主–動作–被動作主であることをあらかじめ知っていることによって，発話において最初に現れる語が事態における動作主と結びつくであろうという推論ができると考えるのである．このように，種々の制約は確かに語習得を牽引することが明らかになったのである．

　ただし，このような制約を強く生得的なものであるとするのか，他の経験的要因に起源を持つとするのかについては当時の研究者によっても様々な考え方があった．事物全体制約を提唱したマークマンや，統語的ブートストラッピング仮説を提唱したグライトマンに関しては，制約において一定の生得性を想定している．一方クラークは相互排他制約について，この推論の偏りは語用論的推論の結果であると考える（Clark, 1992）．つまり，コミュニケーションにおいていつもと異なる非慣習的な表現が使われる場合には何か新しい情報を示す意図があるはずだと子どもが理解していることが相互排他的な語の推論へとつ

ながると考える．さらにこのような種々の制約を，子どもがどのように制御し
ているかという点も大きな問題となった（今井・針生，2007）．実際のコミュ
ニケーション上の文脈では同じ対象が異なる2つの名前で呼ばれることもある
し，名詞は常に形を中心に汎化されるわけではない．このような場合には制約
の適用を選択していかなければならないわけであるが，このような制御をどの
ように行うのかについて説明するのは難しいことであった．

第6節
文化学習としての言語習得

　では，経験論的な立場については行動学習理論以降，どのような議論が起
こったであろうか．確かに行動学習による言語習得の説明はチョムスキーの批
判により難しいことが明らかになったが，経験的要因を全く考えずして言語習
得の全貌を捉えることもまた難しい．背後に普遍的な構造があるにしてもない
にしても，また言語研究の本質をそのような構造に求めるにしてもしないにし
ても，日本語や英語，中国語のような個別言語が表面上大きく異なる語彙や文
法のシステムを持っていることもまた紛れもない事実だからである．ジェロー
ム・ブルーナー（Jerome S. Bruner）は，行動学習理論を「不可能の理論（im-
possible theory）」，対する生成文法理論を「奇跡の理論（miracle theory）」と
いうジョージ・ミラー（George A. Miller）の言葉を引用しながら，両者をど
のように近接させるかを考えなければならないことを指摘した（Bruner,
1983）．

　ブルーナーが提唱したのは，言語習得を可能とする子ども自身の能力である
LAD に対し，社会の側から子どもに対して行われる言語習得サポートシステ
ム（language acquisition support system: LASS）である（Bruner, 1983）．ブ
ルーナーは，子どもが先行する社会の成員（多くの場合，子どもの養育者）と
のやりとりの中で，言語を用いてある目的を達成する発話行為のパターンを学
ぶことを主張した．中でも初期の養育者–子どもコミュニケーションにおいて
ブルーナーが注目したのは「指示」と「要請」の行為であるが，ここでは言語
による参照対象の「指示」に着目してみよう．Ninio and Bruner（1978）は，「絵
本読み」というやりとりの場面で養育者がどのようにして子どもの適切な「指
示」を引き出すかという働きかけを行う様が分析されている．「絵本読み」は，

養育者と子どもがともに絵本に注意を向けるという三項関係のコミュニケーションから成り立つが，言語を含む様々な文化が継承される場面であるとブルーナーは考えた．観察において 0 歳台から 1 歳台後半までの絵本読みにおける養育者の発話を機能に基づき分類すると，「注意喚起」「質問」「命名」「フィードバック」の 4 つに限られており，またその出現する順番もこの順でほぼ一貫していた．すなわち，やりとりは極めて安定的にパターン化されており，子どもがやりとりに参入しやすいような足場がかけられていたのである．さらに，子どもの発達とともに養育者の発話も大きく変化していった．1 歳 2 か月くらいまでのやりとりにおいては質問に対する子どもの曖昧な反応に対しても，大人の側で解釈して言い直すようなフィードバックが見られた．しかし 1 歳 2 か月を過ぎて初語が発せられる段階になると要求の吊り上げが起こった．「質問」のフェーズにおいて，子どもが名前を知っている対象に関する質問は明らかな下降イントネーションで行われ，また「ほら，知っているでしょ」のような正しい命名を促す発話が増えたのである．

　社会の側から子どもに対して言語習得をサポートするような働きかけを行うという議論は，対乳児発話（infant directed speech: IDS）や対幼児発話（child directed speech: CDS）としても盛んに研究された．その代表的な研究である Snow（1977）は，英語を母語とする養育者が子どもに対して語りかけるスタイルと，大人に語りかけるスタイルが大きく異なることを報告した．具体的には子どもに話しかける場合には 1 つ 1 つの発話長が短くなること，抑揚が大きくなること，ピッチが上がることなどが明らかになっている．さらに重要なことに，スノウらの研究では，ブルーナーの報告と同様，このような調整は子どもの発達段階において非常に敏感に変化していることが明らかになった．スノウはこれを敏感調整仮説（fine-tuning hypothesis）と呼んでいる．

　このように，養育者からの働きかけは子どもが当該社会の成員とのやりとりに参入しやすくし，また適切な発話のやりとりを学習するのに有効に働いている．学習制約理論における指示は音と参照対象との属性の結びつけに注目していたのに対し，ブルーナーの視点では他者とのやりとりの中で指示をどのように用いるか，その足場かけを大人がどのように行うのかということに注目することで言語習得にアプローチしようとしたのである．

第 7 節
これまでの研究から何が分かったのか？

　第 1 部では，大まかに 20 世紀後半の言語習得の議論について，経験論と生得論の立場から整理することを試みた．初期には認知科学が人間の心のはたらきにおける計算論的側面を取り扱っていたことから，大まかにいえば生得論，もしくは言語習得を可能にする個の人間の心のはたらきに注目が集まっていたといえるだろう．しかし経験論的なアプローチは全く関心を向けられなかったわけではなく，文化学習の立場から社会的やりとりとしての経験に着目する研究も萌芽し多くの知見を提供した．しかし，やはりこの 2 つの立場からの研究成果はそれぞれ焦点が異なっており，うまく統合されていたとは言い難い．そこで第 2 部では，1990 年代後半から 2000 年以降，現在に至るまでこの言語習得における個と社会との問題が，どのように近接・再統合していったのかについて見てみよう．

|||||||||||||||||||||||||||||||　**第 2 部　今後の展望**　|||||||||||||||||||||||||||||||

第 8 節
今何が問題とされているのか？

　1990 年代後半から 2000 年代の研究において，生得論と経験論の二分法的な言語習得観は大きくその形を変えた．このことは，特に経験論的な立場に基づく言語習得論が大幅にアップデートされたことによる貢献が大きい．つまり，物理的環境，社会的環境を含め，世界から与えられる刺激に対する人間の学習能力が，行動学習理論が想定していたよりもずっと強力であることが明らかになってきたのである．第 2 部では，このアップデートを，大きく統計学習，社会的認知の側面から論じ，その中で生得論と経験論の枠組み自体がどのように再編成され，また新たな問題が生じているのかについて論じる．それらを踏まえて第 2 部の最後に，今後の言語習得研究に対する展望について論じる．

第 9 節
統 計 学 習

　第 1 部で述べたように，言語習得理論としての行動学習理論の大きな問題点は，養育者からの明確なフィードバックが期待できないことであった．ところ

が1990年代後半より，自らの自発的行動に対するフィードバックがなくても，人間は環境における安定した情報の分布パターンに敏感に反応し，これを新たな活動に利用できる統計学習（statistical learning）能力を持つことが明らかになってきた．つまり行動学習に頼らずとも，子どもは世界から多くのことを学習可能だとする考え方である．

この分野における先駆的研究であるSaffran et al.（1996）は，単語の切り出し課題における子どもの統計学習能力の重要性を明らかにした．子どもは言語を習得するにあたり，他者の発話がいくつかの構成要素から成り立っていることを発見する必要がある．例えば「これはりんごだ」という発話は1つの連続した音列であるが，この発話には「これ」「は」「りんご」「だ」という語が含まれていることに気づかなければ，それぞれの語の意味の習得は難しいだろう．そこでサフランらが注目したのは，ある音から別の音に変化する際の遷移確率であった．例えば，「これはりんごだ」「りんごはおいしいね」「りんごをたべたよ」という3つの発話から「りんご」という単語を切り出すことを考えてみよう．この3つの発話に限る中で「り」という音から「ん」の音に遷移する確率は100％であり，さらに「ん」という音から「ご」という音に遷移する確率もまた100％である．ところが，「ご」の次に関しては「だ」「は」「を」に遷移する確率がそれぞれ33％ずつとなり，確率は下がる．このように，語であれば同じ語の中の音はいつも安定した遷移確率を持つが，語と語の間の境界においてはこの確率が下がる．サフランらは，子どもはこの性質を利用して語の切り出しを行えることを明らかにしたのである．

インプットにおける統計的分布を利用した学習は，多くの計算機シミュレーションでも実装可能であるため，この観点からも言語習得と統計学習との関係が問い直された．例えばElman（1993）では，言語的インプットから統語的知識をどのように抽出できるのかをニューラルネットワークを用いて検討した．この研究では，様々な語の配列を入力とすることで，ある語の後にどのような文法的カテゴリの語が現れるかを，単純再帰ネットワークを用い学習させた．この結果，学習されたネットワークは例えば形容詞の後に名詞，または名詞の後に動詞など，次に生起し得る文法的カテゴリを予測することができており，この意味で部分的に統語的規則を学習していた．さらにこのシミュレーショ

ンでは，入力として最初は単純な文から始め，次第に関係節を含むような複雑な文にしていくことが学習の成功の可否を左右していることも観察された．このことは，実際の子どもの言語習得において，最初は限られた作業記憶のスパンから始まり，限られたリソースを処理することから出発することが，子どもの言語習得に重要であることを示唆している．

このように，人間にとって非常に一般的な学習能力である統計学習能力が明らかになったことの理論的意義は大きい．最も重要な点の1つは，これまで生得的制約と考えられてきた心のはたらきの少なくとも一部が，学習によって説明できる可能性を開いたということだろう．つまり，人の心の側に領域限定的な制約を想定することなく，環境や社会とのやりとりの中に制約の発現を求めることが可能になったのである．一例を挙げると，第5節で述べた制約理論における形バイアスは，近年の研究では，名づけの経験を積むことで得られる推論方略なのではないかと考えられている（例えば Smith and Samuelson, 2006）．実際に，形バイアスの発現およびその運用は，子どもがその時点で知っている語彙数に密接に関連しているという報告がある．例えば Smith（2003）の調査では，形バイアスは 17 〜 25 か月の子どものうち 100 語程度の語彙数の子どもにおいて発現しており，またこれ以上の語彙数を学習した子どもは逆に形にとらわれない語の汎用を行うことができていた．さらに近年の研究では，これまでの形バイアスに関する心理学的研究の成果を反映させた様々な視覚刺激とその名づけをデータとして用い，深層学習を用いた計算機シミュレーションを用いることで，形バイアスの発現が一部再現できることが報告されている（Ritter et al., 2017）．

また，学習による習得の難しさが主張されてきた統語的知識においても，入力における言語形式とその意味の関係を抽象化して取り出すことによって学習可能であるという，認知言語学領域において唱えられてきた用法基盤モデル（usage-based model）も注目を集めている（Langacker, 1987；Tomasello, 2003）．用法基盤モデルでは，例えば語が語音とそれが参照する意味との対応関係によって成立するのと同じように，ある語の配列（例：名詞-動詞-名詞）がその文に対応した意味（例：他動的事態）に結びつくことにより，統語的知識が1つの記号として学習可能であることを想定する．用法基盤モデルの立場

に立つ研究者たちは，入力の頻度に応じて子どもが習得する統語的知識にばらつきが出ることを実証的に示すことで，統語的知識の学習可能性を検討している．このように，環境における情報の統計的分布からどのような知識がボトムアップに構築可能なのかという論点は，今後追究されていくべきものだろう．さらに用法基盤モデルでは，語や統語的知識を等しく記号の体系とみなすため，その記号がコミュニケーションにおいてどのように人々に意味づけされるのかという問題を避けて通ることはできない．このことは続く社会的認知への話題へとつながる．

第 10 節
社会的認知

　統計学習は，子どもを取り巻く環境からパターンを発見する非常に強力な学習能力である．しかし，ドアの閉まる音と，養育者からかけられる声は，私たち人間にとって同じ情報だろうか．実はそうではない．子どもは同種の人間からの働きかけに対して，特別な反応をする社会的な存在であることが明らかになってきたのである．

　子どもの言語習得には，養育者とのやりとりの中でその社会の慣習が継承されるという，文化学習としての側面があることはすでに議論されてきた．しかし，1990 年代から 2000 年代にかけて，このブルーナーの議論を裏づけるように，前言語期における乳幼児の強力な社会認知能力（social cognitive skills）が明らかになってきたのである．特に，人間と他種の動物を比較する比較認知科学のアプローチによって，生成文法理論とは異なった角度から人間の種にとってユニークな社会性が浮き彫りになってきた．

　社会認知能力の研究について，まず重要な嚆矢となったのが人間の意図推論能力に関わる議論だろう．ブルーナーの LASS においても，言語習得の前提として，養育者と子どもが同じ対象に注意を向ける共同注意，およびそのような共同注意を介して養育者，子どもおよび参照対象を含む三項関係コミュニケーションが文化学習に重要な役割を果たすことはすでに強調されていた．さらにトマセロらの一連の研究では，このような共同注意を導く意図の推論が人間にとって非常にユニークな能力であり，また発達過程においてシステマチックに現れることが論じられたのである（Tomasello, 2003）．トマセロによれば，

子どもはおおよそ9か月ほどになると他者が意図ある存在であり，またこの意図を達成するために行動しているということに気づき始める（9か月革命）．このため，この時期を境に，養育者と子どものコミュニケーションは質的に大きな変化を迎える．具体的には，子どもは養育者の視線を追従して何に対して注意を向けているのかを把握しようとしたり，自分の注意を向ける対象に対して指さしをすることにより他者の注意がそちらに向くように操作したりしようとする．トマセロは，このような他者意図を介在させたコミュニケーションの発現が他の霊長類にも見られない，人間に特有の記号的コミュニケーションであり，言語もこの延長として現れることを論じた．

このような指摘は，養育者の働きかけが子どもの文化的慣習の学習を助けるというLASSの成立基盤をより鮮明に描き出したものといえる．しかし一方で，トマセロの議論はLASSの議論と明確に立場を違える部分もある．LASSはあくまで言語獲得の「支援」を主眼にしたものであり，LADのような生得的知識を否定せず，むしろLADとの相互作用による言語獲得過程が想定されていた．しかしトマセロらの議論ではLADは一切想定されず，社会認知能力が主たる原動力として働くことによって人間の記号コミュニケーションや言語習得の過程が牽引されると考えたのである．

人間が他者とのコミュニケーションを通じて言語を含めた文化的知識や技能を習得していくということに関する特殊性はCsibra and Gergely（2011）のナチュラル・ペダゴジー（natural pedagogy）理論においても議論されている．他者に何かを教える，他者から何かを教わるという場面は，人間にとっては至極日常的な行動のように受け取られるものであるが，広く多種の生物のコミュニケーションを見渡したとき，非常にユニークな特徴である．養育者と子どものコミュニケーションはその最も典型的な場面だろう．ここで，養育者はほとんどすべての場合において，子どもに自分が教え手であり，情報を伝えようとする意図を示す手がかりを明示する．例えば，養育者は子どもに対してまず目線を合わせる，名前を呼び掛けたりするなどする．このような行動は意図明示的手がかり（ostensive cue）と呼ばれ，「これから情報を伝達する」という意図を子どもに伝える．一方で情報の受け手である子どももまた，このような手がかりに対して敏感であり，このような手がかりの後に続く養育者の働きかけ

から新たな情報を読み取ったり，模倣を行う傾向が強まる．このように意図明示的手がかりを通じて「教える」「教わる」ことを想定した特殊な認知様態へと推移することが，人間に特有の文化学習を可能にすることをチブラとガーガリは指摘する．第6節で述べた対乳児発話や対幼児発話に関する研究でも，養育者の語りかけに関する様々な特徴がすでに明らかになっていたが，この多くは情報の伝達を示すための意図明示的手がかりとして機能しており，ナチュラル・ペダゴジー理論によってより一般的に説明されることになったのである．

このような社会認知能力をめぐる一連の議論は，言語的知識およびその習得の問題を，言語に限定的なものとして考えるのではなく，人間の記号コミュニケーションの延長として，また文化的知識や技能の継承問題として，広範囲に一般化するのに大きな役割を果たした．このことは，言語習得において想定すべき生得性に対しても新たな観点を提供している．第1部で示したような従来の生得論においては主に記号論理的な統語的知識の存在を仮定していたのだが，ここでは他の生物種との比較の上で人間の社会性における特殊さが浮き彫りになってきたのである．一方でどのようなタイプの社会性がどこまで人間に特有なのか，またそれは生得的と呼ぶべきものなのかどうかという点は今後の大きな課題であるといえるだろう．

第11節
言語の身体性

統計学習や社会認知能力によって，言語的知識の学習可能性についての議論が開かれた．このことは，言語についてのもう1つの大きな問題である身体性の問題へとつながる．身体性の問題は，人間の心のはたらきを記号論理的なルールとして表現するのではなく，それがどのように感覚運動的な入力に動機づけられているのかを問う．特に言語習得研究では，記号論理的な心の表現は生得論と密接な関連があったが，経験論のアップデートは子どもが身体にまつわる感覚運動情報からどのように言語的知識を得るのかという新たな問題を提起した．

言語習得における身体性の問題は，多方面からのアプローチがある．例えば，言語形式（例：音）と参照対象に関する感覚運動的情報（例：形や動きなど）が類像性に基づき結びつくことは，語習得の強力な手がかりになることが知ら

れている．具体的に，Imai et al. (2008) は，新奇動詞の教示において「ばとばと」「ちょかちょか」などの新奇擬態語を示すことで，動詞の意味を適切に推論できていたことを示している．この結果は，音と意味との間の類像性に基づく音象徴が，語意習得の強力な手がかりになることを示している．また，Gogate and Hollich (2010) は同様の視点から，多感覚を跨いで起こる一貫したパターンを検出することが，子どもの語意習得の原動力になることを示す多感覚基盤仮説を提案している．サフランらの研究が示したように，系列的な情報からパターンを見つけることは言語習得において非常に重要であるが，ゴゲートらは複数の異なる系列情報の間にパターンを見つけることが語意の習得に重要であることを示した．この仮説では，言語音と感覚情報を跨ぐ音象徴のパターンや，言語音と視覚情報であるジェスチャーが同時に提示される時間的同期のパターンなどを例に挙げる．養育者がこのようなパターンを高頻度で示し，子どももまたこのような関係を積極的に検出することによって，語意習得の初期の基盤を作ることを主張している．

　さらに近年では，心理学研究のほかに，ロボティクス研究もまたこの問題につながる成果を多く提出している．ここでは，外界の情報を収集するセンサ系を搭載したロボットを実装し，センサ系から得られる情報を用いて語意習得の過程をシミュレートする試みが多く行われている．例えば Nakamura et al. (2009) では，ロボットにぬいぐるみやボールなど様々な物体を渡した．ロボットはそれらの物体を自ら握り，センサ系を用いて視覚情報，触覚情報を取得し，さらにそれぞれの物体に対して名づけの音声を与えられた．その後ロボットはセンサ系から与えられた情報と，音声認識によって得られた名づけの情報とを用い，確立モデルを用いて物体のカテゴリを学習した．この結果，ロボットが獲得した物体カテゴリは人間に近い物体のカテゴリであることが明らかになった．学習されたモデルを確認すると興味深いことに，ロボットは視覚，触覚などのセンサ系の情報を用いることで音声情報からの音素認識の精度を高めており，また音声の認識精度の向上が物体認識の精度の上昇に貢献していた．この結果は，語意習得は複数の感覚モダリティが密接に関わりながら進む可能性を示しているといえるだろう．

第 12 節
これから何が問題になるのか

　本章では認知科学の勃興以降，言語習得がどのような課題に取り組んできたかを概観した．本章の最後に，今後重要なテーマとなる問題を 2 点挙げたい．

　第 1 に，理論的な問題については，やはり現在注目を集めている統計学習，社会認知能力，身体性の問題をどのように統合的に理論化していくのかという問題が挙げられるだろう．この 3 つの理論的な更新は非常に密接な関係を持っている．例えば，第 11 節で述べたように，身体性の問題を検討するのに使われているカテゴリ化のシミュレーションは，確率モデルなど統計学習のメカニズムに基づいている．また，子どもが語の意味の推論に用いる有縁的な手がかりは，ゴゲートらが指摘するように養育者から与えられることも多く，人間の社会性の問題とも深く関わる．統計学習と社会認知能力の関係はまだ不明瞭な部分も多い．両者は進化的に離れた能力だと考える研究者もいれば（例えば Tomasello, 2003），模倣などは行動学習の一環として捉えることが可能とする研究者もいる（Heyes, 2001）．いずれにせよ，言語習得研究は長く生得論，経験論という大きく離れた立場からそれぞれ別個に語られてきており，「奇跡の理論」「不可能の理論」と呼ばれてきたように両者が交わることはなかった．しかし現在の理論における主要な観点はこれまでにないほどに近接しており，今後大きな理論として統合して捉えていくことが重要になるであろう（今井・佐治，2023）．

　第 2 に，これからの言語習得研究は，21 世紀に入り急激に変化する子どもを取り巻く環境を捉えていかなければならないだろう．特に近年の技術革新に基づく環境の変化は，言語的インプットのあり方を大きく変えており，統計学習，社会認知能力や身体性による言語習得を考える際,無視できない要因となっている．例えば，ブルーナーが典型的な三項関係コミュニケーションの場面として示した絵本読み場面は，今日であればタブレットを用いたやりとりへと変化しつつある．タブレット上で示されるコンテンツも，静止画だけでなく動画のようなメディアもあり得るし，可能な操作もタッチやフリックなど絵本とは大きく異なっている．また，学童期以降においても，例えば，SNS 上で行われる文字ベースでの短い文章でのやりとりは，数十年前では考えられなかった

新しいタイプのコミュニケーションである．これらはあくまで一例であるが，このような新しいタイプの言語的経験によって，言語習得のあり方がどう影響を受けるのかは今後の言語習得研究において扱っていかねばならないだろう．実際，このような問いについては，2010 年代後半から多くの研究が積み重ねられてきている．例えば，就学前児に対する絵本読みによる語彙学習の効果がビデオチャットと対面でどのように異なるか（Gaudreau et al., 2020），物理的教材とデジタル教材においてどのように学習効果が異なっているのか（Bower et al., 2022）など，興味深い報告も見られている．このような分野は現在進行形で議論が続いている問題であり，今後もますます積極的に問い続けていかねばならない問題である．

推薦図書

　行動主義批判としてのチョムスキーの著作である Chomsky（1959）は生得論の理論的立ち位置を非常に明確に表しており，現在においても頻繁に議論の出発点におかれる論文である．ロジックの展開という意味でも，一読の価値がある．また制約理論を出発点として，その後言語習得研究がどのような発展を見せたかについて，今井・針生（2007）はこの分野の研究を幅広く網羅しており大きな助けになるだろう．一方，文化学習としての言語習得論を論じたブルーナーの著作の中でも，Bruner（1983）は，言語習得に関わる成果がよくまとまっており，現在大きく注目を集める文化学習としての言語習得論の源流となる議論を見ることができる．また，統計学習能力について，初期の計算機シミュレーションが生得性をどのように捉えたかについては Elman et al.（1996）［乾ほか（訳），1998］が参考になる．社会認知能力と言語習得との関連を押さえるのにはトマセロ自身の著作にあたるのがよいだろう（Tomasello, 2003［辻ほか（訳），2008]）．言語習得と身体性の問題を論じた著作も数多いが，今井・佐治（2014）は身体性に関わる広範な研究分野をカバーしており，読者の興味ある分野を見つけやすいだろう．また本章では言語習得を取り巻く理論的側面を中心に論じたが，よりベーシックな言語習得の時系列的な言語習得の過程を学びたいのであればクラークによる概説書"*First Language Acquisition*"（Clark, 2009）は，言語習得一般の教科書として有用である．

文　献

安藤寿康（2017）「行動の遺伝学―ふたご研究のエビデンスから」『日本生理人類学会誌』**22**（2）: 107-112.

Bower, C. A. et al.（2022）Enhancing spatial skills of preschoolers from under-resourced backgrounds: A comparison of digital app vs. concrete materials. *Developmental Science* **25**(1): e13148.

Bruner, J. (1983) *Child's Talk: Learning to Use Languages*, W. W. Norton & co.

Carey, S. (2009) *The Origin of Concepts*, Oxford University Press.

Chomsky, N. (1957) *Syntactic Structures*, Mouton.

Chomsky, N. (1959) Review of Skinner's verbal behavior. *Language* **35**: 26-58.

Clark, E. V. (1992) Conventionality and Contrast: Pragmatic Principles with Lexical Conse-
quences. In A. Lehrer and E. F. Kittay (eds.) *Frames, Fields, and Contrasts: New Es-
says in Semantic and Lexical Organization*, pp. 171-188, Lawrence Erlbaum Associates.

Clark, E. V. (2009) *First Language Acquisition*, second edition, Cambridge University Press.

Csibra, G. and Gergely, G. (2011) Natural pedagogy as evolutionary adaptation. *Proceedings
of the Royal Society B: Biological Science* **366**: 1149-1157.

Elman, J. L. (1993) Learning and development in neural networks: The importance of
starting small. *Cognition* **48**(1): 71-99.

Elman, J. L. et al. (1996) *Rethinking Innateness: A Connectionist Perspective on Develop-
ment*, MIT Press. [乾　敏郎ほか（訳）(1998)『認知発達と生得性―心はどこから来るの
か』共立出版.]

Gaudreau, C. et al. (2020) Preschoolers benefit equally from video chat, pseudo-contingent
video, and live book reading: Implications for storytime during the coronavirus pan-
demic and beyond. *Frontiers in Psychology* **11**: 2158.

Gleitman, L. (1990) The structural sources of verb meanings. *Language Acquisition* **1**: 3-55.

Gogate, L. J. and Hollich, G. (2010) Invariance detection within an interactive system: A
perceptual gateway to language development. *Psychological Review* **117**(2): 496-516.

Heyes, C. (2001) Causes and consequences of imitation. *Trends in Cognitive Sciences* **5**(6):
253-261.

今井むつみ・針生悦子 (2007)『レキシコンの構築』岩波書店.

今井むつみ・佐治伸郎 (2014)「人と言語」今井むつみ・佐治伸郎（編）『岩波講座 コミュニケー
ションの認知科学1 言語と身体性』pp. 259-284, 岩波書店.

今井むつみ・佐治伸郎 (2023)「言語習得研究のこれまでとこれから」『認知科学』**30**(1):
63-73.

Imai, M. et al. (2008) Sound symbolism facilitates early verb learning. *Cognition* **109**: 54-65.

Landau, B. et al. (1988) The importance of shape in early lexical learning. *Cognitive Devel-
opment* **3**: 299-321.

Langacker, R. W. (1987) *Foundations of Cognitive Grammar, Vol1, Theoretical Prerequi-
sites*, Stanford University.

Markman, E. M. (1989) *Categorization and Naming in Children: Problems of Induction*,
MIT Press.

Nakamura, T. et al. (2009) Grounding of word meanings in multimodal concepts using
LDA. *2009 IEEE/RSJ International Conference on Intelligent Robots and Systems*.
IEEE.

Ninio, A. and Bruner, J. (1978) The achievement and antecedents of labelling. *Journal of
Child Language* **5**(1): 1-15.

小椋たみ子ほか（2019）「日本人母親の対乳児発話の語彙特徴と子どもの言語発達」『発達心理学研究』**30**(3)：153-165.

Ritter, S. et al.（2017）Cognitive psychology for deep neural networks: A shape bias case study. *Proceedings of the 34th International Conference on Machine Learning, PMLR* **70**: 2940-2949.

Saffran, J. R. et al.（1996）Statistical learning by 8-month-old infants. *Science* **274**: 1926-1928.

Skinner, B. F.（1957）*Verbal Behavior*, Copley Publishing Group.

Smith, L. B.（2003）Learning to recognize objects. *Psychological Science* **14**: 244-250.

Smith, L. B. and Samuelson, L.（2006）An attentional learning account of shape bias: Reply to Cimpian and Markman（2005）and Booth, Waxman, and Huang（2005）. *Developmental Psychology* **42**(6): 1339-1343.

Snow, C. E.（1977）*The Development of Conversation between Mothers and Babies*, Cambridge University Press.

Tomasello, M.（2003）*Constructing a Language: A Usage-based Theory of Language Acquisition*, Harvard University Press.［辻　幸夫ほか（訳）(2008)『ことばをつくる』慶應義塾大学出版会.］

第二言語習得

◆ キーワード

学際性，インプット，アウトプット，インターアクション，モニターモデル，自動化
理論，習得順序，臨界期，動機づけ，WEIRDM

　本章[1] では，「認知科学の一分野としての第二言語習得（second language ac-quisition: SLA）研究」について概観する．SLA という研究分野は，その「学際性」が大きな特徴で，その意味で認知科学的である．例えば，SLA という分野の発達に，外国語学習・教育理論がその初期に大きな役割を果たしたが，その理論は主として行動主義心理学，構造主義言語学に支えられていた．またその後の発展も，言語学，心理学に加えて，社会学，文化人類学，コンピュータサイエンスなどの影響を強く受けてきたことは，Mitchell et al.（2019）などの SLA の教科書を見ても明らかだ．にもかかわらず，SLA は認知科学とは独立した分野と見られ，認知科学の一分野として捉えられることはあまりなかった．Long and Doughty（2003）は *The Handbook of Second Language Acquisition* の終章で「SLA は認知科学の一分野である」と主張しているが，なぜそのような主張をする必要性があったのか，本章では SLA 研究の歴史を振り返りその認知科学的な意味合いを検討しながら，SLA と認知科学の関係についての将来的展望を提示する．

第1部　現在までの流れ

第1節
SLA 研究の歴史

　SLA 研究は，第一言語習得（獲得）研究の影響を受けて発展してきたが，それに加えて，外国語教育との関係が密接であり，その関連で発展してきたという経緯がある．第1部ではその歴史的流れを見ながら，認知科学としての SLA 研究のこれまでを概観する．

---

1)　本章の第1部は，Shirai（1997），またそれに基づいた白井（2011）の内容に大幅に修正を加えたものである．

(a) 言語学と心理学による外国語学習理論と教授法

　外国語教授法に，他の学問分野が最も強い影響を与えたのは 1950 年代およ
び 1960 年代初頭だったといえよう．当時は，構造主義言語学，および行動主
義心理学を基礎としたオーディオリンガルメソッドが，最も有力な教授法で
あった．構造主義言語学の「個々の言語は互いに限りなく異なり得る」という
言語観，および「刺激–反応」による「習慣形成」という行動主義の学習理論
を基礎として，第二言語学習は原則的に，古い習慣（母語）を抑えて新しい習
慣（目標言語）を創造するものであると考えられていた．したがって学習の難
しさは，主に第一言語（L1）と第二言語（L2）の違いに起因するものと信じ
られていた．そして，学習者の第一言語と目標言語を比較することで学習困難
の度合いに予測が立てられると考え，それがひいては言語構造の教授をより効
率的にするだろうと考える仮説を対照分析仮説（contrastive analysis hypoth-
esis）という．オーディオリンガルメソッドで重要視された学習法は，学習者
に目標言語の構造を習得させることを目指すオーラルドリルで，置換，変換，
模倣，暗記などのドリルを用いれば，学習者は L2 構造の習慣を身につけると
同時に，L1 の習慣からの干渉を克服すると考えられていた（Lado, 1957）．こ
の方式は日本の英語教育にも導入され，日本では「オーラルアプローチ」と呼
ばれていた．

　1960 年代に入ってもオーディオリンガルメソッドは変わらずもてはやされ
てはいたものの，言語学の分野では，チョムスキーの変形生成文法が有力になっ
た．構造主義言語学も行動主義心理学も，ともに「観察可能な」現象の分析に
のみ焦点を据え，観察不可能な構造を仮定するのは非科学的だと主張したが，
チョムスキーの変形生成文法は，「深層構造」や「変形」などの観察不可能な
概念を用いてより適切な記述モデルを提案したのみならず，さらに本質的な疑
問，例えば，言語はなぜその形態をとるのか，人間はどのように言語を習得す
るのか，などに注意を向けた．1960 年代にはチョムスキーの変形生成文法は
理論言語学の主流となり（詳細は Newmeyer, 1986 参照），この文法理論は，
行動主義心理学の衰退と，より心理主義的な「認知心理学」の台頭に一役を担
うことになり，認知科学の方向性に大きな影響を与えた．

　構造主義言語学と行動主義心理学の衰退とともに，オーディオリンガルメ

ソッドは理論上の基盤を失ったが，さらに，オーディオリンガルメソッドの基盤となる対照分析仮説も実証研究で検証してみると支持されず（例えばWhitman and Jackson, 1972），理論的正当性と実証的正当性の両方を失い，オーディオリンガルメソッドは 1960 年代後半には，妥当なものとはみなされなくなった．

(b)「第二言語習得（SLA）研究」の誕生

　その後，第二言語教育・学習に関する科学的な研究は，SLA という新しい分野に移ることになる．エジンバラ大学の応用言語学者ピット・コーダー（Pit Corder）の 1967 年の論文「学習者の誤用の重要性（The significance of learners' errors)」が，学問分野としての SLA 研究の誕生である，とよくいわれる（例えば Larsen-Freeman and Long, 1991）が，このコーダーの論文では，学習者の犯す誤りは学習者の心的なプロセスを反映して出現するのであり，それを分析することによって第二言語学習の心的メカニズムの解明につながる，と提案された．

　なぜこれが画期的だったかというと，それまでの第二言語学習に関する「科学的」アプローチ，すなわち対照分析とオーディオリンガルメソッドは，言語学・心理学理論からトップダウン的に提唱されたもので，学習者には目を向けていなかったからである．実際，対照分析とオーディオリンガルメソッドでは，習得対象の言語と学習者の母語の比較と，その当時有力だった行動主義心理学の学習理論に基づいて，習得の難易度を「推測」していた．ところが上述のように，その推測，仮説が実際に正しいかの検証はあまりなされず，オーディオリンガルメソッドはその理論的正しさを前提として進められた．ところが仮説を検証するために学習者のデータを集めてみたら，仮説は支持されなかったのである．コーダーのこの論文が第二言語習得研究の誕生といわれるのは，この論文を境に，第二言語学習の研究が学習者の習得プロセスそのものを研究する方向に進んだからなのである．

(c) 誤用分析の功績と限界

　コーダーらが行った学習者言語の分析は，「誤用分析（error analysis)」と呼ばれる．対照分析・オーディオリンガルメソッド隆盛のころには，学習者の誤りはすべて母語の干渉（interference）の結果起こるものだ，という前提で

教授理論を構築していたのであるが，誤用分析の結果，学習者の犯す誤りは，必ずしも母語の影響によるものでなく，言語内の規則の過剰適用など，言語内の誤りがかなりある，ということが明らかになった．例えば，L2 英語学習者は comed, goed といった誤りを犯すが，これは幼児の第一言語習得にも頻繁に見られる誤りで，母語の干渉とはいえない．実際に L2 学習者の使う言語を見ることで，対照分析仮説の前提の誤りが分かったのである．

　しかしながら，誤用を見ていれば学習者の習得パターンはある程度見えてくるのだが，それだけでは分からない様々な問題がある．それが，誤用分析の限界として，その後明らかになる．特に，学習者は，使いにくい表現を「回避（avoidance）」することが問題として指摘された（Schachter, 1974）．回避の問題も含め，誤用分析では学習者言語の実際を明らかにするには根本的な問題があることが分かり，その後学習者言語の分析は「誤用分析」から「中間言語分析」に移行する．

(d) 中間言語分析

　中間言語（interlanguage）とはセリンカー（Larry Selinker）の用語で，学習者言語は学習者の母語から徐々に学習している第二言語に近づいていき，どの段階をとっても，その2つの中間のどこかにある，という発想に基づいている（Selinker, 1972）．中間言語分析（interlanguage analysis）と誤用分析の大きな違いは，誤用分析の視点が「学習者が間違えたかどうか」つまりターゲット（目標言語の「正しい」用法）との比較で行われるのに対し，中間言語分析というのはターゲットと合っているかとは関係なく，「学習者言語の自律性」に着目し，「学習者がつくりあげる言語では，ターゲットとは別に学習者なりのルールをつくりあげている」という観点で学習者言語を見る．

　1980 年代以降は，学習者の中間言語のシステムがどうなっているのか，それはどのように発達していくのか，なぜそのような習得過程が見られるのか，などを明らかにするのが SLA 研究の中心課題になり，現在まで研究が続いている．そして，習得過程，習得メカニズムを明らかにするために，様々な学問分野の知見を学際的に利用してきたのが，SLA 研究である．

第2節
SLA 研究における重要な発見

(a) 習 得 順 序

「習得順序（acquisition order）」の研究は，学習者がどういう順序で様々な文法項目を習得するかを調査したものである．SLA では主に英語の文法形式に関する習得順序の研究が1970年代から1980年代にかけて盛んに行われたが，これはハーバード大学の心理学者ブラウン（Roger Brown）らの発達言語心理学に多大な影響を受けている．Brown（1973）では，英語の母語習得において，様々な文法形式がどのような順序で習得されるか，主として縦断的データを分析して明らかにしたが，第二言語習得でも同様の研究が縦断的・横断的データの両方を使って盛んに行われた．

　一方，「発達順序（developmental sequence）」研究の方は，ある1つの言語領域に関してその発達過程を調べるものである．第二言語における発達順序研究の代表的なものは，否定文，疑問文などに関する研究である．ジョン・シューマン（John Schumann）らのハーバード大学の研究グループが行った否定文の発達順序の研究によると，英語の場合，正しい動詞否定文は I don't go なのに，学習者は例えば I no go といい，しかも，すべての学習者が，たとえ日本語のように否定辞（「ない」）が動詞の後にくる（「行か＋ない」）言語を母語とする学習者であっても，例外なく no＋go という否定辞 no を動詞の前に置く段階を通るようなのである（Schumann, 1979）．

　この否定表現の発達順序の研究は，学習者の母語が違っても発達順序は普遍的である証拠としてよく持ち出される．同様に，疑問文（Pienemann et al., 1988）や，ドイツ語の語順規則（Meisel et al., 1981）の習得過程においても，変えることのできない段階を通る，という研究結果が発表されている．

　このような習得順序に関する研究は，第二言語の教師や学習者にとって重要な示唆がある．例えば中学校の英語では，三人称単数現在（三単現）の動詞接尾辞の -s は，かなり早い時期に導入されるが，三単現の -s が実際に使えるようになるのは実は相当後のことである．ルールがはっきりと分かっていても，即座に使えるようにはならないし，英語の上級者でもなかなか完全にはマスターできないことは多くの研究によって立証されている．この事実を英語教師

が知っているか知らないかでは大違いで，先生が三単現の -s が難しいことを知っていれば，学習者が会話の中で三単現の -s を落としたときに「はい，あなた今三単現の -s を落としましたよ」と指摘はしないであろう．

(b) 母語の影響

対照分析の時代には，母語の影響が強調されたが，その反動から 1970 年代に入ると，母語の影響を軽視し，SLA の普遍的な部分を強調する傾向が強くなった．例えばクラシェン（Stephen Krashen）らの「自然な順序の仮説（natural order hypothesis）」によれば，［進行形，複数形，be 動詞］→［助動詞，冠詞］→［不規則動詞の過去形］→［規則動詞の過去形，三人称単数現在の -s，所有格の 's］という習得順序が普遍的とされた（Krashen, 1977）．

ところが，この「自然な」習得順序に合わない事例が多数報告されている．白田賢二が研究した，ウグイスという日本人の女の子では，所有の 's の方が複数の -s よりも先に習得され（Hakuta, 1976），その後日本人学習者の習得順序を調べてみると，ほとんどが［所有の 's］→［複数の -s］となっていた（佐々木，1987；寺内，1994；Luk and Shirai, 2009）．日本語には，英語のような複数形がない．ところが，所有の 's については，Ken's pen＝健のペンというように，日英語間の所有表現の対応関係は非常に簡単なため，日本人学習者にとって習得が容易なのであろう（Andersen, 1983）[2]．

(c) SLA の理論

第二言語習得が起こるメカニズムについても様々な提案がなされてきているが，まず，第二言語習得の初めての包括的モデルとして 1970 年代に提案されたクラシェンの理論から見ていこう．

クラシェンのモニターモデル　クラシェンの理論は，いくつかのバージョンがあるが，ここでは，5 つの仮説からなるものを紹介する．その 5 つとは ① 習得・学習の仮説，② モニター仮説，③ 自然な順序の仮説，④ インプット仮説，⑤ 情意フィルター仮説，である．まず，習得・学習の仮説だが，言

---

2) Murakami and Alexopoulou（2016: Figure 3）では，このとおりではなく，日本人学習者は，所有の 's の方が複数の -s よりもやや習得が遅いが，その差は小さく，スペイン語母語話者においては複数の -s の方が所有の 's より大幅に習得が早い．よって，傾向性としては，L1 効果があると見てよいであろう．

語知識を身につけるには2つのルートがあり，幼児が母語を習得するときのように，自然に，「無意識に」起こる「習得」と，主に教室学習で起こる，「意識的」な「学習」とに分かれるとする．②のモニター仮説は，「学習」によって身につく知識は，発話が正しいかどうかチェックする機能（すなわちモニター）しか持たず，自然なコミュニケーションには役立たない，とする．③の自然な順序の仮説では，文法事項の習得には，「自然な順序」があり，それはどのような順序で教えても変えられない，とする．④インプット仮説では，言語習得はただ1つの方法，「理解可能なインプット（comprehensible input）」すなわちメッセージを理解することにより起こり，文法学習や，話すこと（アウトプット）そのものは，「習得」には必要ない，とする．そして，⑤の情意フィルター仮説では，言語習得の必要条件はインプットを理解することだが，それは十分条件ではなく，情意フィルターが低い状況でインプットを理解しなければ，習得は起こらない，とする．情意フィルターは，不安度のレベルが高かったり，動機づけが低かったりすると高くなり，習得の妨げとなる，という仮説である．そして，これらの仮説群からなるクラシェンの理論をモニターモデル（もしくはインプット仮説，インプット理論）と呼ぶ．クラシェンの理論は，教授法としては，「ナチュラル・アプローチ」として，具現化されている（Krashen and Terrell, 1983）．基本的な原則は，「教室は理解可能なインプットを与える場として捉え，文法学習は家庭学習にまわす」，また「話すことは，（情意フィルターが上がるので）強制しない」というものである．

　クラシェンのモニターモデルは，第二言語習得研究の初期に提案された包括的モデルとして，1970 〜 1980 年代に理論，応用の両面において多大な影響力を持ったが，問題もある．理論的には，理論の中心となる構成概念が曖昧で，実際にデータに基づいた理論のテストができない，という指摘がある．またクラシェンは，習得と学習は全く別のもので，学習された知識が習得につながることはない（ノンインターフェイスの立場），としたが，この主張には多くの研究者が疑問を持った．次に論じる自動化理論もその点に異議を唱えた．

　自動化理論　　上で述べたように，1950 年代の心理学の外国語学習理論への応用は行動主義心理学に基づいていた．その後，心理学の分野ではパラダイム転換が起こり，第二言語習得研究が盛んになった 1970 年代にはいわゆる「認

知心理学」が主流となっていた．認知心理学からの第二言語習得に対する影響
は，クラシェンの理論に対する批判という形で1970年代に現れ，第二言語学
習を守備範囲とする認知心理学者のバリー・マクラフリン（Barry
McLaughlin）がその中心となった（McLaughlin, 1978；McLaughlin et al.,
1983；McLaughlin, 1987）．特に問題とされたのが，「学習と習得の区別」の仮
説で，クラシェンは意識的に「学習」された知識は無意識的な「習得」に変わ
ることはないと主張し，この区別によって，「知識としては知っているが，実
際は使えない知識」を説明した．一方，この現象をマクラフリンは，認知心理
学の「容量の限界（capacity limitation）」と「自動化（automatization）」とい
う概念を使って説明した．つまり，人間が一度に注意を向けることができるこ
とには限界があり，話すときに意味を伝えることに焦点を置くと，形式の正し
さまで注意が向かず，意味を伝えるという点では優先順位の低い三人称単数現
在の -s などは（知識としては知っていても）落としてしまう．ところが，あ
る行動が何度も繰り返されるうちに自動化されると，その行動には注意を向け
なくてもできるようになり，その分，別のことに注意が向けられるようになる．
ある部分の自動化が進んでくると，他の部分の行動のスキルが上がってくると
いう説明だ．

　さらにオマレーら（O'Malley et al., 1987）は，認知心理学者ジョン・アンダー
ソン（John Anderson；Anderson, 1983）の ACT＊という認知モデルを第二言
語習得に応用したが，これも基本的には自動化理論に基づいたものといえる．
このモデルでは，知識を「宣言的知識（declarative knowledge）」と，「手続
き的知識（procedural knowledge）」に分け，言語能力だけでなく，すべての
スキルの獲得に関する統一的説明を試みている．「宣言的知識」とは，言葉で
説明できる知識であり，まだ自動的に使えるようになっていない知識である．
一方，「手続き的知識」はある行為を行えるようにする知識である．知識は最
初は「宣言的知識」として獲得され，徐々に「手続き的知識」に変わる，とい
うのが，このモデルの主張だ．以上の自動化モデルをまとめて「スキル習得理
論（skill acquisition theory）」とも呼ばれる（DeKeyser, 2015）．

　クラシェンのモニターモデルの批判として SLA に応用された自動化モデル
だが，この二者の違いを簡潔にまとめてみよう．

- モニターモデル：　「習得」はメッセージを理解することによってのみ起こり，意識的に「学習」された知識は発話の正しさをチェックするのに使えるだけである．

- 自動化モデル：　スキルは，最初は意識的に学習され，何度も行動を繰り返すうちに自動化し，注意を払わなくても無意識的にできるようになる．

2つの立場はどちらも極端なものだ．まず，クラシェンの意識的に学習された知識が発話にはつながらない，というノンインターフェイスの立場には問題がある．実際，ある程度自動化によって，流暢に使えるようになる言語項目もありそうだ．また，意識的な学習によって，自然に聞いているだけでは気づかない言語項目に注意がいき（気づき：noticing；Schmidt, 1990）聞き取りができるようになり，それがまた自然な習得を促進する，という効果も考えられる．例えば，英語の不定冠詞の a と an の区別は，聞き取りにくいが，教室で知識として習うと聞こえるようになる，といったことだ．

さらに，インプットだけでは，正確さが身につかない，という問題もある．例えばクラシェンがインプット仮説のよりどころとしたイマージョン教育（外国語で教科を教える教育方法）で学習した生徒が，聞き取りの能力はネイティブと差がないレベルになるが，文法的な正確さや，社会的に適切な表現（例えば友だちと話すときと先生に話すときとで表現を変える）を使う能力は劣っている，という結果が報告されている（Swain, 1985）（第 3 章第 2 節参照）．

一方，自動化モデルにも問題がある．言語の知識というのは，一般の人には説明不可能なもので，言語学者でさえも完全に説明できないものが多数ある（例えば日本語の「は」と「が」の区別）．それらをすべて意識的に理解し，さらにそれを自動化していくというのは事実上不可能だ．よってすべての言語項目が宣言的知識から，手続き的知識に変わるというプロセスを経て習得される，という主張には無理があり，インプットだけで習得される部分がかなりある（Anderson（1995）もその点は認めている）．どのような言語項目が自動化によって使えるようになるか，またインプットだけで習得できる項目は何か，といった問題が今後の重要な研究課題である．

インターアクション仮説とアウトプット仮説　　上述のように，クラシェンの理論は 1980 年代にはナチュラル・アプローチとして確立し，第二言語教授

法にも影響を与えた．当然ながら，クラシェンの理論はメッセージを理解することに重点を置いた，理解優先の教授法（comprehension approach）であり，アウトプットに重点を置いた教授法とは一線を画す．クラシェンの理論では，アウトプット（＝言語産出すなわち話すこと，書くこと）は習得には必要ないからである．

　この立場では，第二言語におけるアウトプットの役割がはっきりしない．その点をよりはっきりとさせたのがロングのインターアクション仮説（例えばLong, 1981）で，この考えでは学習者は，他者との会話をすることにより，そこで意味交渉が行われ，そのことにより学習者にとってより適切なインプットが与えられ，言語習得が促進されるというものである．意味交渉の過程では，繰り返し，聞き返し，言い換えなど，両者の間で会話の質を高める様々な要素が見られ，それらが意味の理解をさらに高め，そのことが言語習得に貢献する，という立場である．この件に関連して，母語話者が学習者に対して行うときに話し方を変えること，すなわちフォーリナートーク（foreigner talk）の特徴に関して，様々な研究が行われた．教師が学習者にする特殊な話し方はティーチャートークといわれる．

　それに対して，より積極的にアウトプットの効用を主張したのがスウェインのアウトプット仮説である．もともとはクラシェンの「理解可能なインプット」だけで習得が起こり得る，という立場に対して，「理解可能なアウトプット」が必要だ，として提案された（Swain, 1985）が，現在はアウトプット仮説と呼ばれている（Swain and Suzuki, 2008）．上述したように，クラシェンはイマージョン教育の成功をインプット仮説のよりどころとしている．イマージョン教育では，「外国語を」教えるのではなく，「外国語で」教科を教えるのであるが，その結果，カナダのフランス語イマージョンを終了した生徒はフランス語の母語話者と聞き取り能力において差がなくなる，ということである．ネイティブと差がなくなるほどの能力を身につけることが外国語学習においていかに難しいかは明らかなので，その意味ではイマージョン教育の効果は高いといえるが，一方スウェインはその同じ生徒たちが，文法的正確さや，社会言語学的能力（社会的に適切な表現を使う能力）は劣っていることを重視し，インプットだけでは不十分だと主張した．さらに，その理由がアウトプットの不足であるとし，

内容を理解するだけなら，単語の意味を手がかりに何とかなるが，話すために
は文法的正確さが必要とされ，また話すことにより，自分の今の能力の不十分
さ，つまり自分の言語と目標言語とのギャップに気がつき，それがより正確な
言語能力の習得につながる，と考えた．ロングのインターアクション仮説，ス
ウェインのアウトプット仮説は，現在でもインプット＝インターアクションモ
デルの教授法の理論的基盤となっており，ロングらはさらにそれを発展させた
タスク中心教授法（task-based language teaching: TBLT）を推奨している
(Long, 2014)．

　さて，インプットだけでよい，というクラシェンの考え方，そして，アウト
プット，インターアクションも重要だというスウェイン，ロングの考え方は，
ともに意味を重視した教室のコミュニケーション活動を教授の中心とする，コ
ミュニカティブ・アプローチ（伝達中心の教授法）の方針と共通する．そして，
これらは，自然なコミュニケーションに従事していけば，言語習得は達成され
るという「習得仮説（acquisition hypothesis；Wesche and Skehan, 2002)」
に基づいているのだが，それだけでは，どうしても学習者言語の「正確さ（ac-
curacy)」がおろそかになる，という認識が研究者，教師の間で広まり，1990
年代には，フォーカス・オン・フォーム（focus on form）という考え方が一
定の影響力を持つようになった（Long, 1991)．意味伝達に焦点を置いた活動
を中心に置くことは変えずに，その中で，学習者の注意を言語形式に向けさせ
ることにより，より正確な言語知識の習得を目指すというものである．現在で
は，どのような方法でフォーカス・オン・フォームをすれば効果的か，例えば，
教師によるフィードバックについても，どのような方法（明示的か暗示的か）
が効果的かについて研究が盛んに行われている（例えば Lyster and Saito,
2010 参照)．

(d) 個人差要因

　外国語の教師が常に意識していなければならないのは，学習者には様々な「個
人差（individual differences)」があるということだ．個人差をすべて考慮に
入れて授業をするのは至難の業だが，少なくとも教師は個人差を意識して授業
計画を立てるべきである．例えば，音声面の弱い学習者を考慮して，新しい項
目を導入する際に，音だけに頼らず，黒板などを使って文字でも確認させるな

ど，工夫する必要がある.

　なお，個人差は，どんな学習者が第二言語学習に成功するか，という SLA 研究における重要な研究課題になっている．第一言語習得はほとんどすべての人が成功するのに対して，第二言語習得は，そのレベルに到達しない場合がほとんどである．その理由は何かを検証するのが，この個人差，学習者要因の研究だともいえる．SLA で研究対象となっている個人差要因は，① 年齢，② 動機づけ，③ 適性，④ 学習者タイプなどである.

　年齢要因（臨界期仮説）　　習得の成否の個人差を説明する 1 つの要因として SLA 研究で受け入れられているのは，年齢である．これは「臨界期仮説（critical period hypothesis: CPH）」と呼ばれ，外国語学習には，臨界期，すなわち，その時期を過ぎると学習が不可能になる期間がある，という考え方だ．この臨界期は思春期（12，13 歳）までと考えられており，その時期を過ぎると母語話者のような言語能力を身につけるのは不可能になる，という仮説である（第 3 章第 2 節参照）.

　実際に，この年齢要因というのはかなり強力な制約で，大人がネイティブのようになるのは，ほぼ不可能のようである．それに対して，小さいころに習得が始まると，第二言語をかなり自然に話せるようになる場合が多い．米国に移民として来た大人の英語がなかなか伸びないのに，子どもはすぐに親を追いこしてしまう，というケースはよく耳にする.

　しかし，第二言語の習得は，必ずしも若ければ若いほどよい，というわけではない．「外国語学習は若いほど有利」というのが，いわゆる常識的な理解であったが，SLA 研究者がそれまでの研究を検討したところ，もう少し洗練された一般化がなされた．それは，「大人の方が早いが，子どもの方が優れている（Older is faster; younger is better）」というものだ（Krashen et al., 1979）.つまり，大人の方が，高い認知能力を使って短期的には素早く L2 を学習することができる．ところが，何年も経つと，若いとき（思春期以前）に始めた人の方が，より母語話者に近い外国語を身につけるようになる，という．なお，「外国語」とひとくくりにするのではなく，個々の言語領域に異なった臨界期がある，という立場もある．例えば，Long（1990）は，発音に関しては，6 歳までが臨界期とする.

　SLA 研究者の間では，習得が成功するかどうかに年齢の影響が強い，という点についてはほぼ意見が一致しているが，それが本当に「臨界期」といったものなのかについては，意見が分かれており，思春期といわれる 12，13 歳を超えると，学習可能性が大きく下がってしまうのか，それとも年齢が上がるに従って徐々に学習可能性が下がっていくものなのかについて，意見の対立がある（Hakuta et al., 2003）し，さらに臨界期そのものがもっと遅い（17.4 歳）という研究もある（Hartshorne et al., 2018；ただし van der Slik et al., 2022 も参照）．また，なぜ年齢の影響がそれほど強いのかという問題についても意見の一致がなく，様々な提案がなされている（Caldwell-Harris and MacWhinney, 2023, 2024）．

　動機づけ　　SLA における動機づけに関する研究は，1950 年代後半以来，西オンタリオ大学のガードナー（Robert Gardner）を中心にして進められてきた（Gardner, 1986）．ガードナーらの研究は，自分が好印象を持っている外国人に対して共感し，高い価値を与える学習者は，学習対象言語を話す人々とその文化を理解したい，その人々と同じように振る舞いたい，その文化に参加したい，と思う傾向が強く，それが長期的，持続的な学習意欲につながる，という仮説に基づいている．ガードナーは学習者のこのような志向を「統合的動機づけ（integrative motivation）」と呼び，この仮説を支持する研究を発表した．簡単にいえば，学習対象言語の話者に好意を持っている学習者が外国語学習に成功する，ということである．

　しかし，外国語学習の動機はそれだけではない．ガードナーはもう 1 つ，実利的な利益を求めて学習する動機を取り上げ，「道具的動機づけ（instrumental motivation）」と呼んだ．例えば，ある外国語ができれば就職に有利になる，金銭的利益がもたらされる，といったことである．外国語を，何か実利的な目的を達成するための「道具」として捉えるのである．

　ガードナーらの初期のカナダにおける研究では，統合的動機づけが重要で，道具的動機づけはあまり重要ではない，という結果が出ていたが，その後のガードナーらのフィリピンの英語学習者を対象とした研究では，道具的動機づけが重要である，という結果が出ている（Gardner and Lambert, 1972）．ただ，ガードナーは，道具的動機づけは外国語学習の成功と結びつくが，その成功は短期

的なもので，長期的には統合的動機づけの方が重要になり，また統合的動機づけはほとんどの研究で外国語学習の成功と結びついている，と主張した．また最近では，動機づけが様々な状況によってどう変わっていくかなど，動機づけ研究のプロセスモデルという，より動的な視点が提案されている（Dörnyei, 2000）．

外国語学習の適性　「あの人は語学の才能がある」などとよくいわれるが，実際にそのような「外国語（学習）適性（foreign language aptitude）」というものがあるのだろうか．SLA における適性研究は，MLAT（Modern Language Aptitude Test）をはじめとする外国語学習適性テストと，学習の結果である外国語テストの得点との関連を調べることで進められてきた．MLAT は 4 つの異なったタイプの能力を測るように作成されており，それは ① 音に対する敏感さ，② 文法に関する敏感さ，③ 意味と形の関連パターンを見つけだす能力，④ 丸暗記する能力，の 4 つである（Carroll and Sapon, 1959）．適性については膨大な研究があり，MLAT などの適性テストによって測られた適性がかなりの部分まで教室での外国語学習の成否を予測することが分かっている（Skehan, 1989；Wen et al., 2017）．

　さらに，いくつかの研究で面白い結果が出ている．言語習得研究でよく使われる概念に「生活言語能力（basic interpersonal communicative skills: BICS）」と「学習言語能力（cognitive academic language proficiency: CALP）」というものがあり（Cummins, 2008）（第 1 章第 2 節と第 3 章第 2 節参照），簡単にいえば，前者は日常会話的な能力で，後者は教科学習などに必要な認知面の言語能力である．そして，知能テストの結果に関係するのは，より学習言語能力に関連した問題の得点で，生活言語能力的な問題の得点とは相関が低い，というものだ．これはある意味納得のいく結果で，もともと IQ テストは学校での学業成績を予測するために作られたものなので，より学業的な能力と相関するのだと思われる．さらに，意識的学習は IQ との相関があるが，無意識的学習は必ずしもそうでない，という研究もある（Robinson, 2002 参照）．もしかすると，教室学習の外国語の成績が悪かった人も，会話はうまくなるかもしれない．

学習者タイプ　このほかにも，SLA 研究の分野では，どのようなタイプの学習者が外国語学習に成功するのか，という研究が 1970 年代以来盛んに行

われ（いわゆる good language learner research；Naiman et al., 1978），そこから得た情報を外国語教授法の向上に結びつけようという試みがなされた．例えば，未知語を推測する学習者の方がそうでないものよりも外国語の成績がよい，ということが分かったので，学習者が未知語を推測するように促す，といったことである．このような流れが，「学習ストラテジー（learning strategy）」研究（Oxford, 1990）につながっており，よいと思われるストラテジーを学習者に身につけさせようとする，ストラテジー訓練の理論的基盤となっている．ただ，そのような訓練の成果については，まだはっきりしたことは分かっていない．その他，性格要因（外向的，内向的，自尊心），認知スタイル（場独立，場依存）などについて，外国語学習にどう影響するかの研究が行われたが，はっきりした結論は出ていない．

第3節
SLA におけるソーシャルターン

さて，ここまで紹介したような SLA における主要な研究は，主として，認知主義（cognitivism），すなわち，認知心理学，言語学の影響を強く受けており，学習者の置かれている社会的条件についてはあまり注意が向けられず，学習者を「インプットをプロセスするだけの受動的な存在」と捉える視点が SLA 研究の主流であった．このような考えに批判的な，SLA のより社会的な側面を重視する研究が 1980 年代後半から盛んになり，それらは SLA のソーシャルターン（social turn）と呼ばれているが，ここでもその影響は学際的である．まず，ヴィゴツキー（Lev Vygotsky）のソビエト発達心理学の影響を受けた「社会文化理論（sociocultural theory: SCT）」がラントルフ（James Lantolf）を中心に発展した（Lantolf, 2000）．また，社会学の分野から，シェグロフ（Emanuel Schegloff）を中心とする会話分析（conversation analysis: CA），文化人類学からは，オックス（Elinor Ochs）を中心とする言語社会化理論（language socialization theory）が，SLA の分野にも彼らの学生を通して影響力を強めた（例えば Lazaraton, 2002；Duff, 2011；Ohta, 2001）．これらの社会的アプローチに共通するのは，インターアクションの場面を詳細に分析し，そこで何が起こっているかを明らかにし，それがどのように言語習得につながるのかを質的研究によって特定しようとする点である．一方，認知主義的な SLA 研

究の主流は，量的研究やそこからくる一般化を重視する．その後，両者の研究が共存する形となり，研究が続いている．

　以上のような SLA 研究の流れに関連して，注目すべきは，言語学の世界における潮流の変化である．1960 年代より正統の座を保ってきたチョムスキーの生成言語学が，認知・機能主義の言語学，もしくは用法基盤モデル（使用依拠モデル，使用基盤モデル，usage-based model）の言語学に押され，以前ほど影響力がなくなってきているのだ．Geeraerts（2010）によると，言語学，言語科学の文献を網羅している LLBA（Language and Linguistics Behavior Abstract）の検索に，2007 年までの 20 年において，生成言語学の新規論文数はあまり変化がないのに対し，認知言語学（cognitive linguistics）の論文は 10 倍となっている（表5.1）．また，論文数だけでは測れない影響力を示す「言及」の数も，同様の傾向を見せている（Dahl, 2010）．この世界的潮流からすると，構造主義言語学（structural linguistics）→生成言語学（generative linguistics）→認知・機能主義言語学（cognitive-functional linguistics）というパラダイム転換が進行していると考えられる．今後，用法基盤モデルの言語学がいかに SLA に影響を与えていくかが注目される．これまでも SLA に強い影響を与えてきた第一言語習得研究の分野では，すでにパラダイム転換が始まっており，トマセロ（Michael Tomasello；Tomasello, 2000, 2003）が，用法基盤モデルの言語学に基づき，リーベンなどの共同研究者とともにチョムスキーの普遍文法仮説に対する対案を提示し，膨大な数の実証研究論文を発表している（Lieven and Tomasello, 2008）．

　SLA では認知・機能主義言語学，また用法基盤モデルに基づく実証研究はまだ発展途上だが，ニック・エリス（Nick Ellis）が中心となり，用法基盤モデルの SLA 研究を理論的側面から押し進めてきた（Ellis, 2003, 2006, 2019；Ellis and Robinson, 2008）[3]．

表5.1　生成言語学と認知言語学の論文数の推移

	1988-1991	1992-1997	1998-2001	2001-2007
生成系	304	538	337	296
認知系	81	337	376	916

　トマセロ，エリスらの用法基盤モデルは，習得におけるインプットの重要性を前面に押し出し，特にどのようなインプットをどの段階でどのような頻度で与えれば習得が効率的に進むかという具体的な課題も視野に入れており（例えば Goldberg and Casenhiser（2008）による，タイプとトークン頻度の効果に関する実験を参照），今後，教師や教材作成者が，どのようなインプット教材，アウトプット教材をどのようなタスクの中で提示すべきかという現実的な問題にも一定の答えを示せる可能性がある．さらに，上で述べた社会文化理論に基づく研究者は，コミュニカティブ・アプローチにありがちな，「習うより慣れろ」にとどまらず，主として認知言語学，使用依拠言語学の枠組みに基づいた文法教育（concept-based instruction）を提案し，一定の効果をあげている（Lantolf and Zhang, 2017；Tsujihara, 2022 など参照）．今後，用法基盤モデルと SLA 研究の関係，またその外国語教育への影響に注目する必要があるだろう．

第2部　今後の展望

第4節　多様性と認知科学

　多様性（diversity）という概念は，最近は日本でもよく聞かれるようになった．この言葉の意味することは，人，もしくはその他の生物も含め，様々な多様性がある，という事実を指摘・強調するだけでなく，主流による非主流に対する抑圧を意識し，それを改める努力をすることも視野に入っている．

　この意識が一般に広がることに貢献したのが，2010 年代から始まった Black Lives Matter 運動である．黒人の命（人権）が軽視されている現状を変えようという運動で，世界中に広まり 2020 年には日本でもデモが行われた．そして差別の現状を変えるため，黒人のみならず，すべての少数者（minority）の権利を守るために何ができるかを考え，また行動するという運動が多くの国で広がった[4]．

---

3)　エリスのアプローチは，コンピュータサイエンスの分野で 1980 年代から盛んになったコネクショニズムの影響を強く受けている（Ellis, 2003；Shirai, 2019 参照）．
4)　この流れには，2000 年代から始まり 2010 年代後半に先鋭化した，女性や性的弱者の権利を守る「Me too 運動」も貢献している．

　このような流れは，学問の世界にも影響を与えている．認知科学の分野では，研究対象となる実験の参加者がごく限られたグループに偏っているという事実が昔から意識されていたが，そのような現状を変えていこうという動きがここ十数年で進展してきた．まず注目すべきは Henrich et al.（2010）が提案した WEIRD という用語である．これは，Western, Educated, Industrialized, Rich and Democratic（西洋の，教育のある，産業化された，裕福な，民主主義の）の略語で，こういった社会で行われた研究から導き出された理論が人間の認知に関する一般的理論として議論されることを問題視した概念である．Weird というのは「奇妙な，変な」という意味の俗語で，ヘンリックらは，複数の認知領域に関する先行研究をレビューし，この WEIRD グループは決して人類を代表するサンプルではなく，どちらかといえば「変わった」グループであると結論づけた．さらに，同じくヘンリックのグループ（Blasi et al., 2022）が，言語に関する認知科学的研究についても，同様のレビューを行い，英語に関する研究があまりにも多く，人間の言語に関する理論が英語に基づいた理論になってしまう危険性を指摘している．

　第一言語習得の分野においては，その黎明期から多言語を見ることの重要性が認識されていたが，それはこの分野の中心となっていた心理学者スローピン（Dan Slobin）の「多言語に関わる通言語的アプローチ（cross-linguistic approach）」によるところが大きい（Slobin, 1985 など）．にもかかわらず，第一言語習得においても英語を中心としたヨーロッパ言語の研究が圧倒的に多いという問題は，現在でも解決していない．そのことを統計的に明らかにし，またその対策を多数のコメンタリー[5]で論じたのが Kidd and Garcia（2022）による *First Language* の特集号である．また，第二言語習得，多言語習得の分野においても，Bylund et al.（2023）が同様の調査を発表しており，英語習得を対象とした研究が圧倒的に多い（ほぼ50%）ことを示している．

---

5)　注目すべきは Christiansen et al.（2022）のコメンタリーで，ただやみくもに少数言語の研究を増やすだけでなく，すでに研究された言語と新しい言語を体系的に比較し，理論を検証することが大事だと主張している．具体例については Christiansen et al.（2022）を参照．Shirai（2015）もそのような例を紹介している．

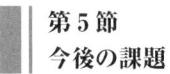

第5節
今後の課題

　以上のような状況がなぜ出現し，なぜ変えるのが難しいのかについては，上で取り上げた論稿に譲るが，単純にいえば，現代社会に厳然と存在するパワーの問題なのである．例えば，日本語も英語もスワヒリ語もすべてが自然言語であり，その価値は元は同じだが，それぞれが使われる社会状況によって，より力を持つようになる．そしてある言語の持つ価値，パワーは，概ね言語以外の要因（主に経済的要因）によって決まる（白井, 2013）．例えば，筆者はUCLA（University of California, Los Angeles）での博士論文のトピックを選ぶときに，多少なりとも，その後日本に帰って大学に就職することを考慮に入れて，研究対象の言語に英語を選んだ．そして就職が決まってから，前から興味を持っていた日本語習得の研究を始めたのだが，このようなことは世界中で起こっていて，その結果英語研究者の数は減らないのである．その他にも，英語の方が研究が進んでいるので，最先端の研究をしようとすれば，英語を扱うことになることもある．また，第二言語習得の研究であれば，英語学習者が圧倒的に多いので，データ収集も相対的に容易である．このように，知らず知らずのうちに，英語，またいくつかの有力なヨーロッパ言語に研究が集中するのは自然の流れともいえるし，構造的なものである．

　だからこそ，成り行きに任せていたのでは，この状況は変わらない．WEIRD な被験者集団に基づいたデータによって，人の一般認知に関する不十分な理論が定着してしまい，さらにそれが正しいものとして，それ以外の文化に押しつけられてしまう（Ochs and Kremer-Sadl, 2020）という問題に対して，何らかの対策が必要なのだ．具体的な方法に関しては, Kidd and Garcia（2022）のコメンタリーに譲るが，大雑把にいえば，affirmative action（積極的格差是正措置）のようなものが必要である．つまり，何もしなければ現状が固定してしまうので，意図的に，システムとして，少数派のグループの参加を増やすような仕組みを作るべきなのだ．例えば, 多くの国際学術誌の編集委員を見ると，北米，ヨーロッパの研究者が多い．もしそうでない研究者を入れる必要があると思っていても，実際には思いつかないこともある．例えば，少なくとも30～50％は非主流の地域や言語に関わる研究者を入れるという決まりを作ってし

まうことである．そうすれば，非主流の言語・文化に関わる研究者を検索して探そう，ということになるだろう．また競争的研究資金の審査においても，非主流言語に関する研究を何％以上に増やすといったルール（もしくはターゲット）を作ってしまうことだ．このようにして初めて，少しでも WEIRD のような偏った文化，言語に基づく偏った認知理論から脱却することの第一歩となるであろう．

第6節
WEIRDM からの脱却

　最後に，今後の認知科学全般に関する問題提起をしたい．それは，認知科学におけるモノリンガル主義からの脱却である．現代社会では，モノリンガルよりも，複数言語話者の方が数は多い（Ethnologue[6] による）．しかしながら，意図的に複数言語話者を対象にした研究は別として，認知科学研究の被験者は普通モノリンガル話者という前提で，モノリンガル話者の認知モデルを構築している．これは，ある意味効率的なことで，モノリンガルの認知モデルを作ることさえ難しいのに，バイリンガル，マルチリンガルとなると様々な要素を同時に考慮せねばならず，研究そのものが複雑化していく．そのため，認知科学の初期の段階ではモノリンガルのモデルを構築することが優先されて不思議はない．そのような多言語認知の複雑性を避けるという傾向性があったので，SLA が認知科学の一環とは捉えられず，Long and Doughty（2003）が SLA は認知科学である，という主張をせざるを得なかったのであろう．しかしながら，その後認知科学という分野は成熟し，複数言語話者の認知モデルも，心理言語学の分野（Grosjean and Li, 2013；Pavlenko, 2014）や，意思決定の分野（Hayakawa et al., 2016）で見られるようになってきている．しかしながら，認知科学においてモノリンガルモデルが主たるアプローチになってしまっているという問題意識は共有されていないようである．例えば，データ収集の対象者は，普通はモノリンガル話者という前提で，被験者がどの程度外国語を知っているかは普通報告されない．米国の大学の学部生であれば，外国語を高いレ

---

6)　Ethnologue は，キリスト教系の少数言語の研究団体国際 SIL の公開しているウェブサイトおよび出版物（章末文献参照）．

ベルで知っている可能性は高くはないが，例えばドイツ，オランダ，北欧など
の被験者であれば，高いレベルで英語を外国語として使いこなす可能性は高い．
外国語を知ることによる認知活動への影響については常に意識されるべきであ
るが（Cook, 1992），研究課題が第二・第三言語の習得，処理でなければ，そ
の影響はないものとして話が進んでいく．このような認知のモノリンガルモデ
ルについても，今後の研究では批判的検証の対象となるべきであろう．
WEIRD だけでなく，WEIRDM（M: monolingual）に偏った認知科学からの
脱却を目指すことが必要だ．

　モノリンガル主義に対する批判は，社会言語学の分野では Lippi-Green(1997)
の標準語イデオロギー（standard language ideology），第二言語習得の分野で
は，クック（Vivian Cook）のマルチコンペテンス（multi-competence；Cook,
1992）や，オルテガ（Lourdes Ortega）のバイ／マルチリンガルターン（bi-/
multilingual turn；Ortega, 2013）でよく知られているが，認知科学全般に影
響を及ぼしているとは言い難い．今後はモノリンガル話者のみならず，人類の
半分以上を占めるバイリンガル・マルチリンガル話者をも包括する認知モデル
を目指して理論構築を進めるべきである．

推薦図書

　以下の推薦図書はどれも第二言語習得に関する概論，教科書である：白井（2007）は，一
般向けに書かれたもので，最も読みやすい．Larsen-Freeman and Long（1991）は，SLA 研
究を牽引してきた第一人者が，初期の発見をまとめた力作．Lightbown and Spada（2021）［白
井・岡田（訳），2014］は外国語教師向けの SLA の入門書．翻訳は 2013 年の第 4 版に基づ
いている．Mitchell et al.(2019)は SLA の理論に重点を置いた概説書．筆者も過去 10 年ほど，
最新の版を「SLA 入門」のクラスの教科書として使っている．

文　献

Andersen, R. W. (1983) Transfer to Somewhere. In S. Gass and L. Selinker (eds.) *Language Transfer in Language Learning*, pp. 177-201, Newbury House.

Anderson, J. R. (1983) *The Architecture of Cognition*, Harvard University Press.

Anderson, J. R. (1995) *Cognitive Psychology and Its Implications*, 4th ed., Freeman.

Blasi, D. E. et al. (2022) Over-reliance on English hinders cognitive science. *Trends in Cognitive Sciences* **26**(12): 1153-1170.

Brown, R. (1973) *A First Language*, Harvard University Press.

Bylund, E. et al. (2023) Linguistic and geographic diversity in research on second language acquisition and multilingualism: An analysis of selected journals. *Applied Linguistics.*

Caldwell-Harris, C. L. and MacWhinney, B. (2023) Age effects in second language acquisition: Expanding the emergentist account. *Brain and Language* **241**: 105269.

Caldwell-Harris, C. L. and MacWhinney, B. (2024) Expanding the emergentist Account: Reply to open peer commentaries. *Brain and Language* **248**: 105368.

Carroll, J. B. and Sapon, S. M. (1959) *Modern Language Aptitude Test*, Psychological Corporation.

Christiansen, M. H. et al. (2022) We need a comparative approach to language acquisition: A commentary on Kidd and Garcia (2022). *First Language* **42**(6): 751-755.

Cook, V. J. (1992) Evidence for multicompetence. *Language Learning* **42**(4): 557-591.

Corder, S. P. (1967) The significance of learners' errors. *International Review of Applied Linguistics* **5**: 161-170.

Cummins, J. (2008) BICS and CALP: Empirical and Theoretical Status of the Distinction. In B. V. Street and N. Hornberger (eds.) *Encyclopedia of Language and Education, Vol. 2: Literacy*, pp. 71-83, Springer.

Dahl, Ö. (2010) The future of linguistics: Survival of the fittest? Plenary talk at the NordLing 1.5 PhD Student Conference, May 28-29, University of Southern Denmark.

DeKeyser, R. (2015) Skill Acquisition Theory. In B. VanPatten and J. Williams (eds.) *Theories in Second Language Acquisition: An Introduction*, pp. 94-122, Routledge.

Dörnyei, Z. (2000) Motivation in action: Towards a process-oriented conceptualisation of student motivation. *British Journal of Educational Psychology* **70**(4): 519-538.

Duff, P. A. (2011) Second Language Socialization. In A. Duranti et al. (eds.) *The Handbook of Language Socialization*, pp. 564-586, Blackwell.

Ellis, N. C. (2003) Constructions, Chunking, and Connectionism: The Emergence of Second Language Structure. In C. J. Doughty and M. H. Long (eds.) *The Handbook of Second Language Acquisition*, pp. 63-103, Blackwell.

Ellis, N. C. (2006) Cognitive perspectives on SLA: The associative-cognitive CREED. *AILA Review* **19**(1): 100-121.

Ellis, N. C. (2019) Essentials of a theory of language cognition. *The Modern Language Journal* **103**: 39-60.

Ellis, N. C. and Robinson, P. (2008) An Introduction to Cognitive Linguistics, Second Language Acquisition, and Language Instruction. In P. Robinson and N. C. Ellis (eds.) *Handbook of Cognitive Linguistics and Second Language Acquisition*, pp. 13-34, Routledge.

Ethnologue.
https://www.ethnologue.com/ （最終アクセス日：2024/2/27）

Gardner, R. C. (1986) *Social Psychology and Second Language Learning: The Role of Attitudes and Motivation*, Edward Arnold.

Gardner, R. C. and Lambert, W. E. (1972) *Attitudes and Motivation in Second-language*

Learning, Newbury House.

Geeraerts, D. (2010) Recontextualizing Grammar: Underlying Trends in Thirty Years of Cognitive Linguistics. In E. Tabakowska et al. (eds.) *Cognitive Linguistics in Action: From Theory to Application and Back*, pp. 71-102, De Gruyter.

Goldberg, A. E. and Casenhiser, D. (2008) Construction Learning and Second Language Acquisition. In P. Robinson and N. C. Ellis (eds.) *Handbook of Cognitive Linguistics and Second Language Acquisition*, pp. 207-225, Routledge.

Grosjean, F. and Li, P. (2013) *The Psycholinguistics of Bilingualism*, Blackwell.

Hakuta, K. (1976) A case study of a Japanese child learning English as a second language. *Language Learning* **26**: 321-351.

Hakuta, K. et al. (2003) Critical evidence: A test of the critical-period hypothesis for second-language acquisition. *Psychological Science* **14**(1): 31-38.

Hartshorne, J. K. et al. (2018) A critical period for second language acquisition: Evidence from 2/3 million English speakers. *Cognition* **177**: 263-277.

Hayakawa, S. et al. (2016) Using a foreign language changes our choices. *Trends in Cognitive Sciences* **20**(11): 791-793.

Henrich, J. et al. (2010) The weirdest people in the world? *Behavioral and Brain Sciences* **33**(2-3): 61-83.

Kidd, E. and Garcia, R. (2022) How diverse is child language acquisition research? *First Language* **42**(6): 703-735.

Krashen, S. D. (1977) Some Issues Relating to the Monitor Model. In H. Brown et al. (eds.) *On TESOL '77*, pp. 144-158, TESOL.

Krashen, S. D. and Terrell, T. D. (1983) *The Natural Approach: Language Acquisition in the Classroom*, The Alemany Press.

Krashen, S. D. et al. (1979) Age, rate and eventual attainment in second language learning. *TESOL Quarterly* **13**(4): 573-582.

Lado, R. (1957) *Linguistics across Cultures*, University of Michigan Press.

Lantolf, J. P. (ed.) (2000) *Sociocultural Theory and Second Language Learning*, Oxford University Press.

Lantolf, J. P. and Zhang, X. (2017) Concept-based Language Instruction. In S. Loewen and M. Sato (eds.) *The Routledge Handbook of Instructed Second Language Acquisition*, pp. 146-165, Routledge.

Larsen-Freeman, D. and Long, M. H. (1991) *An Introduction to Second Language Acquisition Research*, Longman. [牧野高吉ほか（訳）(1995)『第2言語習得への招待』鷹書房弓プレス.]

Lazaraton, A. (2002) *A Qualitative Approach to the Validation of Oral Language Tests*, Cambridge University Press.

Lieven, E. and Tomasello, M. (2008) Children's First Language Acquisition from a Usage-based Perspective. In P. Robinson and N. C. Ellis (eds.) *Handbook of Cognitive Linguistics and Second Language Acquisition*, pp. 168-196, Routledge.

Lightbown, P. and Spada, N. (2021) *How Languages Are Learned*, 5th ed., Oxford University Press. [白井恭弘・岡田雅子 (訳) (2014)『言語はどのように学ばれるか—外国語学習・教育に生かす第二言語習得論』岩波書店.]

Lippi-Green, R. (1997) *English with an Accent: Language Ideology and Discrimination in the United States*, Routledge.

Long, M. H. (1981) Input, interaction and second language acquisition. *Annals of the New York Academy of Sciences* **379**: 259-278.

Long, M. H. (1990) Maturational constraints on language development. *Studies in Second Language Acquisition* **12**(3): 251-285.

Long, M. H. (1991) Focus on Form: A Design Feature in Language Teaching Methodology. In K. de Bot et al. (eds.) *Foreign Language Research in Cross-cultural Perspective*, pp. 39-52, John Benjamins.

Long, M. H. (2014) *Second Language Acquisition and Task-based Language Teaching*, John Wiley & Sons.

Long, M. H. and Doughty, C. J. (2003) SLA and Cognitive Science. In C. J. Doughty and M. H. Long (eds.) *The Handbook of Second Language Acquisition*, pp. 866-870, Blackwell.

Luk, Z. P. S. and Shirai, Y. (2009) Is the acquisition order of grammatical morphemes impervious to L1 knowledge? Evidence from the acquisition of plural -s, articles, and possessive 's. *Language Learning* **59**(4): 721-754.

Lyster, R. and Saito, K. (2010) Oral feedback in classroom SLA: A meta-analysis. *Studies in Second Language Acquisition* **32**(2): 265-302.

McLaughlin, B. (1978) The Monitor Model: Some methodological considerations. *Language Learning* **28**: 309-332.

McLaughlin, B. (1987) *Theories of Second Language Learning*, Edward Arnold.

McLaughlin, B. et al. (1983) Second language learning: An information processing perspective. *Language Learning* **33**: 135-158.

Meisel, J. M. et al. (1981) On determining developmental stages in natural second language acquisition. *Studies in Second Language Acquisition* **3**(2): 109-135.

Mitchell, R. et al. (2019) *Second Language Learning Theories*, 4th ed., Routledge.

Murakami, A. and Alexopoulou, T. (2016) L1 influence on the acquisition order of English grammatical morphemes: A learner corpus study. *Studies in Second Language Acquisition* **38**(3): 365-401.

Naiman, N. et al. (1978) *The Good Language Learner*, Modern Language Centre, Ontario Institute for Studies in Education.

Newmeyer, F. J. (1986) *Linguistic Theory in America*, Academic Press.

Ochs, E. and Kremer-Sadl, T. (2020) Ethical blind spots in ethnographic and developmental approaches to the language gap debate. *Langage et Société* **170**: 39-67.

Ohta, A. S. (2001) *Second Language Acquisition Processes in the Classroom: Learning Japanese*, Lawrence Erlbaum Associates.

O'Malley, J. M. et al. (1987) Some applications of cognitive theory to second language acquisition. *Studies in Second Language Acquisition* **9**: 287-306.

Ortega, L. (2013) SLA for the 21st century: Disciplinary progress, transdisciplinary relevance, and the bi/multilingual turn. *Language Learning* **63**: 1-24.

Oxford, R. L. (1990) *Language Learning Strategies: What Every Teacher Should Know*, Heinle and Heinle.

Pavlenko, A. (2014) *The Bilingual Mind: And What It Tells Us about Language and Thought*, Cambridge University Press.

Pienemann, M. et al. (1988) Constructing an acquisition-based procedure for second language assessment. *Studies in Second Language Acquisition* **10**(2): 217-243.

Robinson, P. (2002) Effects of Individual Differences in Intelligence, Aptitude and Working Memory on Adult Incidental SLA: A Replication and Extension of Reber, Walkenfield and Hernstadt (1991). In P. Robinson (ed.) *Individual Differences and Instructed Language Learning*, pp. 211-266, John Benjamins.

佐々木みゆき (1987) Is Uguisu an exceptional case of idiosyncratic variation? Another counterexample to the Natural Order.『中国四国教育学会研究紀要』**32**：170-174.

Schachter, J. (1974) An error in error analysis. *Language Learning* **24**: 205-214.

Schmidt, R. W. (1990) The role of consciousness in second language learning. *Applied Linguistics* **11**(2): 129-158.

Schumann, J. (1979) The Acquisition of English Negation by Speakers of Spanish: A Review of the Literature. In R. Andersen (ed.) *The Acquisition and Use of Spanish and English as First and Second Languages*, pp. 3-32, TESOL.

Selinker, L. (1972) Interlanguage. *IRAL* **10**: 209-232.

Shirai, Y. (1997) Linguistic Theory and Research: Implications for Second Language Teaching. In G. R. Tucker and D. Corson (eds.) *Encyclopedia of Language and Education, Vol. 4: Second Language Education*, pp. 1-9, Kluwer Academic.

白井恭弘 (2007)『外国語学習の科学―第二言語習得論とは何か』岩波書店.

白井恭弘 (2011)「SLA 研究とは何か―第二言語教育との関係を中心に」佐野富士子ほか (編)『第二言語習得― SLA 研究と外国語教育』pp. 3-26, 大修館書店.

白井恭弘 (2013)『ことばの力学―応用言語学への招待』岩波書店.

Shirai, Y. (2015) Frequency effects in grammatical development: A cross-linguistic, functional approach to form-function mapping. *Journal of Child Language* **42**: 312-315.

Shirai, Y. (2019) *Connectionism and Second Language Acquisition*, Routledge.

Skehan, P. (1989) *Individual Differences in Second-language Learning*, Edward Arnold.

Slobin, D. I. (1985) Crosslinguistic Evidence for the Language-making Capacity. In D. I. Slobin (ed.) *The Crosslinguistic Study of Language Acquisition, Vol. 2*, pp. 1157-1249, Lawrence Erlbaum Associates.

Swain, M. (1985) Communicative Competence: Some Roles of Comprehensible Input and Comprehensible Output in Its Development. In S. Gass and C. Madden (eds.) *Input in Second Language Acquisition*, pp. 235-253, Newbury House.

Swain, M. and Suzuki, W. (2008) Interaction, Output, and Communicative Language Learning. In B. Spolsky and F. M. Hult (eds.) *The Handbook of Educational Linguistics*, pp. 557-570, Blackwell.

寺内正典 (1994)「形態素の習得」SLA 研究会 (編)『第二言語習得理論に基づく最新の英語教育』pp. 24-48, 大修館書店.

Tomasello, M. (2000) Do young children have adult syntactic competence? *Cognition* **74**(3): 209-253.

Tomasello, M. (2003) *Constructing a Language: A Usage-based Theory of Language Acquisition*, Harvard University Press. [辻　幸夫ほか (訳)(2008)『ことばをつくる』慶應義塾大学出版会.]

Tsujihara, R. (2022) Teaching the Japanese aspectual form Teiru using concept-based language instruction (C-BLI) in an intact beginning-level classroom. *Language & Sociocultural Theory* **9**(1): 91-121.

van der Slik, F. et al. (2022) Critical period claim revisited: Reanalysis of Hartshorne, Tenenbaum, and Pinker (2018). *Language Learning* **72**(1): 87-112.

Wen, Z. E. et al. (2017) Foreign language aptitude theory: Yesterday, today and tomorrow. *Language Teaching* **50**(1): 1-31.

Wesche, M. and Skehan, P. (2002) Communicative Teaching, Content-based Instruction, and Task-based Learning. In R. Kaplan (ed.) *The Oxford Handbook of Applied Linguistics*, pp. 207-228, Oxford University Press.

Whitman, R. and Jackson, K. L. (1972) The unpredictability of contrastive analysis. *Language Learning* **22**: 29-41.

特別支援教育とことば

◆キーワード

知的能力障害, 限局性学習症, 自閉スペクトラム症, オノマトペ, 共同注意, 自立活動

　本章では, 特別支援教育の制度面を簡潔に解説した後, 特別支援教育関連のことばの研究を概観し, 主な対象となる障害の限局性学習症（LD）, 自閉スペクトラム症（自閉症）, 知的能力障害（知的障害）のことばに関する特徴を述べる.

　次に, 知的障害特別支援学校でのことば・コミュニケーションの指導や支援について, 共同注意やAAC（拡大代替コミュニケーション）を中心に見ていく. また, 重度な障害の場合には, 環境要因としての教師のコミュニケーション行動が重要になるため, 教師発話のオノマトペの研究を紹介する. 最後に, 特別支援教育におけることば・コミュニケーションのオーセンティックな学び（本物の実践に可能な限り近づけた学び）の保障について英国での事例をもとに展望する.

第1部　現在までの流れ

第1節
特別支援教育とことばについての概観

(a) 特別支援教育について

　特別支援教育が本格的に開始されたのは2007（平成19）年4月1日である. 同日の文部科学省初等中等教育局長通知「特別支援教育の推進について（通知）」に記されている特別支援教育の理念を表6.1に示している.

　重要なのは, 従来の特殊教育で行っていた障害種別の指導・支援から個の教育的ニーズに応じた指導・支援へとパラダイムがシフトし, 対象者として通常学級にいる知的な遅れのない発達障害も含まれていること, 共生社会の形成の基礎となる教育を目指していることである. その実現のために, ① 特別支援教育コーディネーターを中心とした組織的対応, ② 個別の教育支援計画や個別の指導計画の作成, ③ 保健行政や医療機関など医療や福祉をはじめ他分野との連携, ④ 特別支援学校がセンター的役割を担い地域の学校を支援する体

表6.1　「特別支援教育の推進について（通知）」にある特別支援教育の理念

　特別支援教育は，障害のある幼児児童生徒の自立や社会参加に向けた主体的な取組を支援するという視点に立ち，幼児児童生徒一人一人の教育的ニーズを把握し，その持てる力を高め，生活や学習上の困難を改善又は克服するため，適切な指導及び必要な支援を行うものである．

　また，特別支援教育は，これまでの特殊教育の対象の障害だけでなく，知的な遅れのない発達障害も含めて，特別な支援を必要とする幼児児童生徒が在籍する全ての学校において実施されるものである．

　さらに，特別支援教育は，障害のある幼児児童生徒への教育にとどまらず，障害の有無やその他の個々の違いを認識しつつ様々な人々が生き生きと活躍できる共生社会の形成の基礎となるものであり，我が国の現在及び将来の社会にとって重要な意味を持っている．

制がポイントとなった．

　日本で特別支援教育が本格開始されたころに世界ではすでに，1994年に「サラマンカ宣言」が採択され，2006年に国連総会で「障害者権利条約」が採択されるなど，インクルーシブ教育（inclusive education）の潮流が高まりつつあった．日本は，国内法を整備して2014年に障害者権利条約を批准したが，その第24条（教育）において「一般的な教育制度から排除されないこと」「個人に必要とされる合理的配慮（reasonable accommodation）が提供されること」を求めている[1]．

　特別支援教育では「自立活動」の領域を設定し，個々の幼児児童生徒の障害による学習上または生活上の困難を改善・克服するための指導を行うことで，幼児児童生徒の人間として調和のとれた育成を目指している．小中学校などの教育は，幼児児童生徒の生活年齢に則して系統的，段階的に進められており，その教育内容は発達の段階などに即して選定されたものが配列されている．障害のある幼児児童生徒の場合は，その障害によって日常生活や学習場面において様々な困難が生じるため，小中学校などと同じように心身の発達の段階などを考慮した教育をするだけでは十分とはいえない．そこで，特別支援学校では，小中学校などと同様の各教科などに加えて，自立活動が設けられている．自立

---

1)　平成28（2016）年4月，すべての国民が，障害の有無によって分け隔てられることなく，相互に人格と個性を尊重し合いながら共生する社会の実現に向け，障害者差別の解消を推進することを目的とした，「障害者差別解消法」が施行されたことに伴い，学校園においては，障害のある児童生徒等の性別，年齢および障害の状態に応じて，社会的障壁の除去の実施について，必要かつ合理的な配慮（合理的配慮）を提供しなければならない．

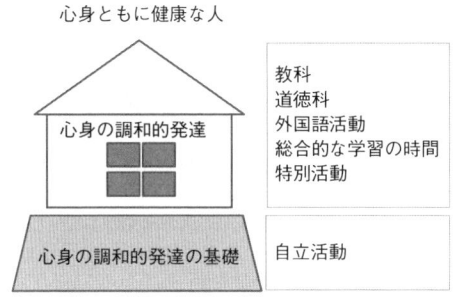

図 6.1　特別支援学校の教育課程の概念図
自立活動で心身の調和的発達の基礎を築き，小中学
校などの教育課程にもある教科などで心身の調和的
発達を促し，心身ともに健康な人を育成する．

活動では，心身の調和的な発達の基盤を築くための指導が行われる（図6.1）．

　自立活動は，特別支援学校の教育課程において特別に設けられた指導である
が，最近改定された学習指導要領では，特別支援学級で自立活動を取り入れる
こと，通級による指導では自立活動の内容を参考として指導を行うことを求め
ている．自立活動には，6区分27項目の内容が示されている（表6.2）．教科
などとは異なり，それぞれに必要とする項目を選定して指導内容を設定される
が，「自立活動の時間はもとより，学校の教育活動全体を通して適切に行う」
ことが求められている．

　障害のある子どもの多くはことば・コミュニケーションに困難を抱えており，
自立活動でもことば・コミュニケーションの指導を行っている．「ことば」を
どのように定義するのかにより異なるが，ことば・コミュニケーションと関連
する自立活動の項目は，以下が中心となると考える．3-(1) 他者とのかかわり
の基礎に関すること，3-(2) 他者の意図や感情の理解に関すること，4-(2) 感
覚や認知の特性についての理解と対応に関すること，5-(3) 日常生活に必要な
基本動作に関すること，6-(1)コミュニケーションの基礎的能力に関すること，
6-(2) 言語の受容と表出に関すること，6-(3)言語の形成と活用に関すること，
6-(4) コミュニケーション手段の選択と活用に関すること，6-(5) 状況に応じ
たコミュニケーションに関することなどである．

表6.2 自立活動の内容（文部科学省，2018をもとに作成）

1. 健康の保持	(1) 生活のリズムや生活習慣の形成に関すること
	(2) 病気の状態の理解と生活管理に関すること
	(3) 身体各部の状態の理解と養護に関すること
	(4) 障害の特性の理解と生活環境の調整に関すること
	(5) 健康状態の維持・改善に関すること
2. 心理的な安定	(1) 情緒の安定に関すること
	(2) 状況の理解と変化への対応に関すること
	(3) 障害による学習上又は生活上の困難を改善・克服する意欲に関すること
3. 人間関係の形成	(1) 他者とのかかわりの基礎に関すること
	(2) 他者の意図や感情の理解に関すること
	(3) 自己の理解と行動の調整に関すること
	(4) 集団への参加の基礎に関すること
4. 環境の把握	(1) 保有する感覚の活用に関すること
	(2) 感覚や認知の特性についての理解と対応に関すること
	(3) 感覚の補助及び代行手段の活用に関すること
	(4) 感覚を総合的に活用した周囲の状況についての把握と状況に応じた行動に関すること
	(5) 認知や行動の手掛かりとなる概念の形成に関すること
5. 身体の動き	(1) 姿勢と運動・動作の基本的技能に関すること
	(2) 姿勢保持と運動・動作の補助的手段の活用に関すること
	(3) 日常生活に必要な基本動作に関すること
	(4) 身体の移動能力に関すること
	(5) 作業に必要な動作と円滑な遂行に関すること
6. コミュニケーション	(1) コミュニケーションの基礎的能力に関すること
	(2) 言語の受容と表出に関すること
	(3) 言語の形成と活用に関すること
	(4) コミュニケーション手段の選択と活用に関すること
	(5) 状況に応じたコミュニケーションに関すること

(b) 特別支援教育対象幼児児童生徒に関することばの研究

　特別支援教育において，ことばに関する学術研究にはどのようなものがあるのだろうか．日本における特別支援教育を研究する中核的な学会である日本特殊教育学会の学会誌『特殊教育学研究』に掲載されている論文からたどってみる．特別支援教育元年の2007年から2022年までに掲載された論文について，題目にことばに関係するキーワードが含まれているものを抽出し，障害種別に分けた．題目にあることばに関するキーワードとそのキーワードを題目に含む論文数（カッコ内の数字で示す）は，「言語（21）」「語彙（3）」「単語（1）」「ナラティブ（2）」「オノマトペ（2）」「発話（8）」「コミュニケーション（17）」「意

思表出（1）」「応答（1）」「やりとり（1）」「意図理解（1）」「共同注意（5）」「読み（32）」「読字（4）」「書き（3）」「書字（8）」「表記（2）」「文章（2）」「文字（3）」「漢字（8）」「ひらがな（5）」「手話（2）」「音声（1）」「音韻（2）」「関係節（1）」「方言（2）」「動詞（2）」「格助詞（1）」「名称理解（1）」「吃音（6）」であった．これらのキーワードを含む論文は，全論文483本中127本であり，対象とする障害は，「限局性学習症」「自閉スペクトラム症」という発達障害が多く，次いで「聴覚障害」「知的能力障害」であった（図6.2）.

　ことばに関する研究論文に多かった「限局性学習症」「自閉スペクトラム症」「知的能力障害」について，それぞれのことばの研究を概観していく．聴覚障害者のことばが対象の研究も，大変興味深いものがある．耳の聞こえの程度が90 dBを越える重度難聴の者（ろう者，子どもはろう児）の場合は手話が母語になることが多いが，ろう児の95%以上は聴者の家庭に生まれるため言語への接点が十分に得られないという状況が起こりやすい．言語に接する時期の遅れによって言語が全く獲得できなくなるわけではないが，入力刺激の質の低下や不十分さが言語理解や文法構造の構築などの持続的な課題をもたらし，結果として，学習，リテラシー，または社会生活への影響が生じ得る（四日市ほか，2018）.

　また，聾学校において，ろう児に手話が必ずしも用いられてこなかった歴史的背景がある．全く聞こえない児童生徒であっても，口形からの読み取りや音

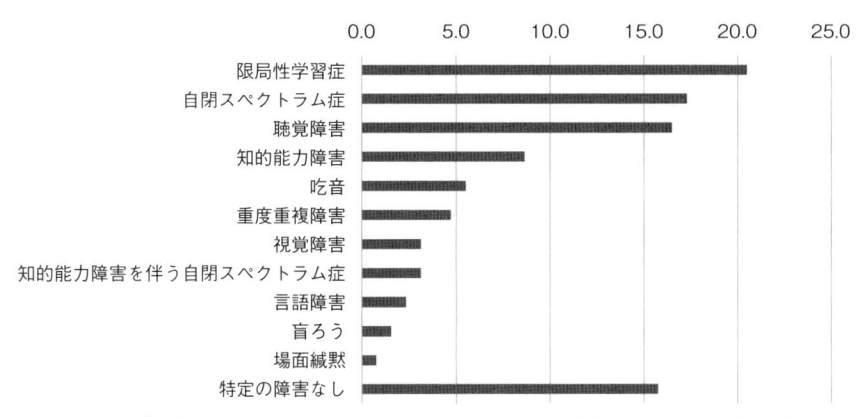

図6.2　『特殊教育学研究』に掲載されたことばに関する研究論文の対象にする障害（%）

声言語を発話する口話法のみで指導され，学校での手話使用が禁止された時代もあった．手話禁止への反対運動もあり，最近では，手話は言語であり，手話が母語である児童生徒には手話を用いて教育を行い，あわせて日本語での読み書きを教えるというバイリンガルの教育がなされるようになってきている．一方で，医療の進歩により新生児聴覚スクリーニングによる早期の発見や乳幼児期の人工内耳装着が可能となり，聴覚活用を重視する動きもある．

　学習言語については，手話を母語とするろう者は，読み書きを学ぶときに第二言語として日本語を学ぶことになる．ある程度聞こえる聴覚障害者であっても，聞こえにくさが音韻認知能力の発達を阻害し，その結果誤反応が生じやすいことが知られている．

　上述したように興味深いものではあるが，筆者らは専門外であるため，詳細は四日市ら（2018）などの成書を参照されたい．

限局性学習症（LD）とことば　　学習障害（LD）は，学習上の困難が見られる状態を意味するが，立場によって定義が異なる．日本では教育上の LD（learning disability）は「聞く」「話す」「読む」「書く」「計算する」「推論する」能力に困難が生じる状態を指し，医学的にいう LD（learning disorder）は，脳機能などの生物学的な原因による「読む」「書く」「計算する」という基本的なアカデミック・スキルのいずれかの障害である．医療機関で LD を診断する際の基準はいくつかあるが，米国精神医学会の『DSM-5 精神疾患の診断・統計マニュアル』（髙橋・大野（監訳），2014 ［American Psychiatric Association, 2013]）が広く用いられている．そこには，限局性学習症（specific learning disorder: SLD）は，① 不的確または速度が遅く，努力を要する読字，② 読んでいるものの意味を理解することの困難さ，③ 綴り字の困難さ，④ 書字表出の困難さ，⑤ 数字の概念，数値，または計算を習得することの困難さ，⑥ 数学的推論の困難さの少なくとも 1 つ以上が 6 か月以上持続すること，年齢に期待されるよりも顕著に低く，学業や日常生活に支障をきたしていること，知的能力や視力，聴力，精神疾患など，または不適切な教育ではうまく説明されないことを診断の基準としている（髙橋・大野（監訳），2014）．

　LD は遺伝的，後成的，および環境的な要因の相互作用により生ずるものであり，これらの相互作用が言語的または非言語的な情報を効率的かつ正確に知覚

したり処理したりするための脳の能力に影響を与えることが明らかになってきている．しかし，読字以外の読解力，書字表出や算数計算に関連した認知的な病態は解明されていない（髙橋・大野（監訳），2014）．

　読字障害は定義の①に相当するものであるが，①については発達性ディスレクシア（developmental dyslexia）としてアルファベットを用いる言語を中心に研究がなされ，病態がある程度解明されてきた（第2章第4節，第7章第5節参照）．神経生物学的原因に起因する特異的学習障害であり，正確かつ（または）流暢な単語認識の困難さであり，綴りや文字記号音声化の拙劣さであると理解されている．つまり，「読み」の困難は典型的には，音韻論の領域に起こる障害によるもので，文字を音に変換する「デコーディング」の困難が中核であると捉えられている．読字の認知的メカニズムとしては，二重経路モデル（dual route cascade model）が知られている（Coltheart et al., 2001）．単語の読みは，親密度の高い単語の場合には語彙辞書（lexicon）を用いて単語をひとまとまりとして変換する経路で処理され，親密度の低い単語は文字を規則に基づいて音韻に変換する経路で処理されるというモデルである．

　読字障害は言語によって発生頻度に違いがあり，英語で6〜15%，イタリア語や日本語ではそれよりも少ないとされている．Wydell and Butterworth（1999）は，英語と日本語のバイリンガルで，日本語では発達性ディスレクシアを認めないが英語では認めている事例を提示している．日本語の仮名文字は，英語に比べて文字と音の対応が規則的であり（透明性が高い），透明性が高い場合には発達性ディスレクシアの頻度が少なくなるという仮説を提示している．日本語の表記法にはひらがな，カタカナ，漢字があり，それぞれの読み書きの困難の程度は異なる．Uno et al.（2009）の報告によれば，「読む」の困難はひらがな0.20%，カタカナ1.40%，漢字6.87%で，「書く」の困難はひらがな1.62%，カタカナ3.84%，漢字6.06%で，漢字の読み書きの困難が多い．

　漢字には，1つの文字に複数の読み方があり（「心」は「こころ」「しん」の2通りの読み方がある），また1つの文字を複数のモーラ（「漢」は「かん」で2モーラ）で読み，形が複雑，文字数が多いなど，特徴が多岐にわたる．そのことから，漢字の読み書きに困難を示す背景も複数の要因がある．特に漢字書字は宿題で四苦八苦している児童生徒も多く，特別支援教育でも漢字の読み書

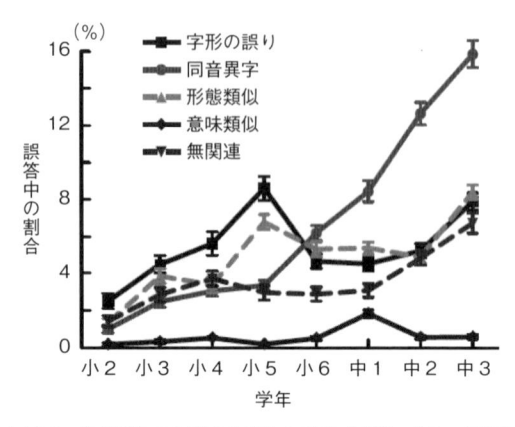

図6.3 学年ごとの漢字書き取りの誤答（高橋・中村，2015）

き困難に注目されることが多い．例えば，先に示した『特殊教育学研究』の
LD に関する論文の23.0%が漢字に関するものである．漢字書字に関する研究
を概観するには岡本（2014）などが助けになる．岡本（2014）は CiNii を用い
て1997〜2012年の論文42本をレビューし，漢字書字困難の要因に視覚記憶
や視覚運動記憶の弱さを指摘する論文が多いこと，視覚記憶が弱く字形の誤り
が見られたとする複数の論文，視覚運動記憶の弱さがあり筆順の誤り，偏と旁^{つくり}
の誤りがあるという報告などを紹介している．漢字書字の誤答を高橋・中村
（2015）は「字形のみの誤り」「同音異字（読みが同じで異なる漢字）」「形態類
似（文字の形態が似ている漢字）」「意味類似（意味が似ている漢字）」「無関係
な漢字（読みも形も意味も関係のない漢字）」「白紙」に分けている．小学校2
年生〜中学生の調査を行ったところ，小学校5年生までは字形のみの誤りが多
く，以降は「同音異字」が増えていた（図6.3）．また，階層的重回帰分析で，
字形の誤りや筆順の誤りが漢字書字の成績に影響していることを明らかにして
いる．一方で，中村ら（2017）は，小学校2〜6年生の児童の漢字の読字と書
字，漢字基礎スキル（部品検出，部首位置，部首名，筆順），言語性短期記憶，
視覚記憶を調査し，書字低成績は，読字低成績の有無に関わらず言語性短期記
憶，部品・部首知識の低成績が関与しているという結果を示しており，背景要
因の解明は今後に期待される．

　　自閉スペクトラム症（自閉症）とことば　　　自閉症の特徴は，幼少期からの

「社会的コミュニケーションおよび対人的相互反応の障害」と「行動，興味，または活動の限定された，反復的な様式」であり，特徴のある人とない人，特徴の強い人と弱い人を明確に示す境界はなく連続しているところから，最近では自閉スペクトラム症（autism spectrum disorder: ASD）と称されている．病態モデルとしては心の理論障害（Baron-Cohen et al., 1985），極端なシステム化，実行機能障害，弱い中枢統合（Frith and Happé, 1994）などがある．

　脳機能の研究が盛んに行われており，その1つに，安静状態に活動する脳領域間のネットワークであるデフォルトモードネットワーク（default mode network: DMN）に関するものがあり，自閉スペクトラム症群で脳領域間の機能的連結が弱いこと，自閉症特性が強いほどDMNの脳領域間の機能的連結は弱いことを示している研究がある（Jung et al., 2014）．また，メタ分析から，自閉症者の脳の言語に関連する神経ネットワークに構造異常が見られ，右脳より左脳でより顕著であると報告されている（Li et al., 2022）．

　ことばに関する特徴の現れ方は様々であり，DSM-5の解説部分には，「完全に会話が欠如しているものから，言葉の遅れ，会話の理解が乏しい，反響言語，または格式張った過度に字義どおりの言語などまで，多くのものに言語の欠陥が認められる．形式言語技能（例：語彙力，文法）が損なわれていない場合でも，自閉スペクトラム症では相互的な社会的コミュニケーションに対する言語の使用は障害されている」と記されている（髙橋・大野（監訳），2014）．

　さらに，「他者の指さしや注視の先を追うことの欠陥などで示される共同注意の障害，コミュニケーションに用いられることのある言語の異なった使い方（例：皮肉やお世辞）を理解するのに苦労する」（髙橋・大野（監訳），2014）ことも書かれている．以前は言語障害が自閉症の中核症状とされたこともあったが，最近では社会性や対人関係の困難が言語に反映されていると捉えられている．

　自閉スペクトラム症児は言語発達の遅れを伴うものも多いが遅れを伴わない場合もある．自閉症者の言語上の特徴としてよく知られているものとして，反響言語（その場で，あるいは少し前に，人が話しているのを聞いた単語や句を繰り返す），発話者を表す人称代名詞の誤用（飲み物が欲しいときに「（あなたは）ジュースが欲しいの？」というなど），独特な言葉づかい（母親が「ピーター，

イーター，パンプキン，イーター」の歌を歌いながらシチュー鍋を落としたのを見た自閉症児は，シチュー鍋を「ピーター，イーター」と呼ぶ），ことばに内包された意味を一面的にしか理解しない（地下鉄の乗車券に「深夜まで有効」と書いてあるのを読んで，深夜まで地下鉄に乗り続けないといけないと受け取った），話しことばのリズムや調子の異常などがある（ウィング, 1998）．また，相互性に欠けた話しことばが特徴で，会話を開始したり維持したりするのが難しい，聞き手の関心に無頓着で長々と話し続けるなども指摘されている（Dewey and Everard, 1974）．

　上述した自閉症者の言語上の特徴の大部分は，文を発話として表出する際に文脈情報などの語用論的要素と文形式の関係がねじれて現れた現象の特徴といえるが，自閉症の言語研究では，やはり語用論的側面に注目したものが多い．研究のレビューについては，言語研究全般は神尾（2007），語用論については大井（2006）や田中・神尾（2007）がある．人称代名詞（I/you）が反転する，屈折接辞（-ed や -s）や冠詞の脱落がある，心的状態を表す語の理解が難しいなどである．推論能力から見た心的状態を表す語の理解の研究　（Dennis et al., 2001）では，心的状態全般の理解に問題があるというよりも，文脈が流動的で，新規の情報を考慮しないといけない場合に文脈情報を利用できていないと考察している．

　知的能力障害（知的障害）とことば　　知的障害は，DSM-5 では「知的能力障害（intellectual disability: ID）」または「知的発達症（intellectual developmental disorder: IDD）」と称されている．知的機能および適応機能の障害が発達期に発症することが診断の要件になる．適応機能は3つの領域，すなわち概念的領域，社会的領域，および実用的領域における適応的な論理的思考についてである．概念的領域は，記憶，言語，読字，書字，算数的思考，実用的な知識の習得，問題解決，および新規場面における判断においての能力についての領域である．社会的領域は，他者の思考，感情，および体験を認識すること，共感，対人的コミュニケーション技能，友情関係を築く能力，および社会的な判断についての領域である．実用的領域は，特に，セルフケア，仕事の責任，金銭管理，娯楽，行動の自己管理，および学校と仕事の課題の調整といった実生活での学修および自己管理についての領域である．DSM-5 では，重症

度は，知的機能の程度ではなく，適応機能の程度で判断される（髙橋・大野（監訳），2014）．

　知的能力障害者は，言語発達の遅れが様々な程度に生じ，適応機能の低下を引き起こす．特に，言語（概念的領域）や対人的コミュニケーション（社会的領域）の機能低下が顕在化する．知的能力障害の有病率は一般人口の約1%であるが，知的能力障害の背景疾患の1つであるダウン症は，日本においては出生率が800人出生に1人程度とされており，知的能力障害がダウン症をはじめ様々な遺伝子症候群と関連していることも多く，病理的背景が様々であるために言語発達やことばの様相も多様であり，病態としてつかみにくいところがある．

　知的能力障害児の言語能力について，橋本（2006）は5歳までに知的能力障害が発見された場合には就学前におよそ約半数が有意味語を獲得しており，就学期から低学年にかけて約半数に有意味語獲得を目指した支援，1/4程度に単語・二語文を促進・拡大・発展させる支援，1/4程度に語連鎖の拡大と複文の理解・使用の支援が求められているだろうと述べている．

　知的能力障害児のことばに関する研究の多くは，病理的背景が明瞭なダウン症を対象とした研究が多い．ダウン症児と定型発達児，ダウン症児と自閉症あるいはウイリアムス症候群を併せ持つ知的能力障害児を比較して検討している中で，ダウン症児の言語能力は非言語能力に比べて低い，語彙や語用と比べて形態的・統語的側面に困難を示すと指摘されている．音韻的側面は，構音障害や発音の不明瞭さ，非流暢性が見られる．非流暢性の背景には筋の緊張が低いということだけではなく，発話速度の調整能力が低く発話速度に対するメタ言語意識が低いことが示唆されている（高木・伊藤，2011）．

　ダウン症や自閉スペクトラム症を伴わない知的能力障害者のことばについての研究は，ほとんど見当たらないのが現状であるが，生成文法において母語獲得の研究が進んでいる影響で，その枠組みを援用しての統語知識に関する「言語遅滞」研究が一定程度進んでいる（伊藤，1993；村尾，2021）．特別支援教育において指導の手がかりを得る動機から，実践調査を通して言語を含む認知能力について考察する研究の中には，例えば特別支援数学教育のために数詞がどのように理解されているかといった研究（河野・葉石，2021）もあり，実践方法開発のために言語学上の副産物的成果が得られるといった流れも今後期待

される．知的障害児者の社会性に関わる対話能力については，機能主義言語学
による言語運用能力についての考察（峰岸，2005）などがある．

第2節
知的障害特別支援学校におけることばの指導，支援

　ここでは知的能力障害のある児童生徒に対する特別支援学校（知的障害特別
支援学校）でのことば・コミュニケーションの指導・支援について見てみたい．

　学校教育法施行規則第130条第2項において，「特別支援学校の小学部，中
学部又は高等部においては，知的障害者である児童若しくは生徒又は複数の種
類の障害を併せ有する児童若しくは生徒を教育する場合において特に必要があ
るときは，各教科，道徳，外国語活動，特別活動及び自立活動の全部又は一部
について，合わせて授業を行うことができる」と規定されている．この規定に
基づき，知的障害特別支援学校においては，「日常生活の指導」「遊びの指導」「生
活単元学習」「作業学習」などとして各教科等を合わせた指導が実践されている．
したがって，知的障害特別支援学校でのことばの指導は，「国語」を中心とし
た教科，教科等を合わせた指導の「日常生活の指導」「生活単元学習」，さらに，
「自立活動」などの教育課程できめ細やかに行われる．例えば，浜本（2014）
では『ごきげんのわるいコックさん』という紙芝居を教材として「国語」の一
斉学習「聞くこと」を学びながら自立活動の「人間関係の形成」「コミュニケー
ション」に関わる学習活動に取り組んだことなどを紹介している．

　特別支援教育では，本人の特性を踏まえた指導のみならず，特性に配慮した
支援（合理的配慮）も重要な視点になる．つまり，特性に配慮した支援をしな
がら，特性から来る学習上または生活上の困難を改善・克服するための指導
（調和的発達の基盤，自立活動）と調和的発達のための指導（教科など）をう
まく織り成していくことが求められている（渡邉・岩井，2021；浜本，2014）．
そして，この特性に配慮した支援と指導ならびに調和的発達のための指導を教
育科学で捉え直すと，知的能力障害児の教育実践においては，どのような「足
場かけ（scaffolding）」が効果的な教育を生むのかを問いながら教育的支援・
指導することが求められているということであろう[2]．その点では，小中学校

2）「足場かけ」については，第1章第1節を参照されたい．

の教員と特に違いはないであろうが，各々の児童生徒にとってオーセンティックな教育実践であることが求められ，「足場かけ」の選定がより重要になる．「足場かけ」として，障害の程度が重い子どもへの共同注意行動の発現を促す支援，教育的支援を行う際に教師が用いる絵カードやジェスチャーも含んだ拡大代替コミュニケーション（augmentative and alternative communication: AAC），オノマトペ（第2巻第3章参照）を用いることなどがある．

　共同注意については，大藪（2004）などの共同注意の発達を参照した研究（菅・樋口，2017），他者の指さしに反応した視線移動を生起させる指導法の研究（青木・野呂，2020）などがある．菅・樋口（2017）は，脳梁欠損があり最重度の知的障害（発達年齢5か月）と肢体不自由があり医療機関に入所中の中学部2年生男子生徒への指導記録から共同注意の発達過程を記述している．特定の教員を中心とした大人と対象生徒との関わりの中で，対象生徒は人との二項関係，物との二項関係を発展させ，物を介した人との関わりができるようになっていた．自己−物−人の三項を関連づけるまでに，人との親密な関わりを基盤に，物との関わりが優位な段階から物に関わりながらも人の存在を意識する段階，物と人を関連づけて物への注意を他者と共有して関わる段階へと発展していた．そして，有効に作用したのは，好きで認知や操作がしやすい物の使用，物と人の両方が視界に入る配置，対象者の物への働きかけに応答する関わりであったと考察している．

　藤野・盧（2010）は，2006年度に東京都内の知的障害特別支援学校の小学部，中学部，高等部の特別支援教育コーディネーターほかの代表教員を対象にAACについての質問紙調査を行っている．絵カードや写真カードは回答者の98％が使用しており，次いで身振り（96％）が多く，音声出力型コミュニケーションエイド（voice output communication aid: VOCA）（27％），パソコン（34％），コミュニケーションブック（35％）は少なく，少ないVOCA（p＜0.001），コミュニケーションブック（p＜0.001），パソコン（p＜0.01）は必要だと思う比率に比べて使用されている比率は有意に低かった．また，マカトンサイン[3]

---

3)　「マカトンサイン」は，英国で開発された，話しことばとともにサイン，シンボルを提示するマカトン法のサイン，シンボルで，ことばやコミュニケーションに困難のある人々にも使いやすいようにシンプルな動作表現になっている．

の使用（全体で72％）は小学部に比べて高等部で少なく，パソコンは逆に小学部に比べて高等部で多く使用されていた．物を使わない身体動作や簡便に作成できるカード類が利用しやすいこと，高等部では卒後を見据えてコンピュータ利用を進めている実態がうかがえた．ただし，この研究は特別支援教育の本格開始の前年の調査であり，教員の意識や学校の環境も変化をしてきていることから最近の事情とは異なる可能性がある．

　子どもの周囲にいる教師などのことばかけも重要な環境要因であり，教師などのことばに関する研究もある．特にオノマトペを用いた関わりが注目され，ことば・コミュニケーションの支援に効果的であるとする研究も散見される（有働・高野，2007；高野・有働，2007；高野・有働，2010；宇留野ほか，2022など）．高野・有働（2010）は養護学校小学部での参与観察を通して授業における教師のオノマトペを含む発話の児童への影響を分析している．オノマトペの教育的行為として多かったのは，特定の個人に向けた指示である「指示（個人向け）」，内容や意味を分かるようにいう「説明（解説）」，勢いをつけたり，調子をとったりする「応援」などであった（コラム「特別支援学校教員の発話に見るオノマトペ」参照）．また，オノマトペを含む教師発話の教育的行為とオノマトペの意味的特徴，音韻的特徴を検討している（表6.3）．

　個人に向けた指示では，「お肉切るか（切ろうか），ギュッてしてギュー」の「ギュ」など1モーラ語基のものが多く，動作の誘導・遂行を指示するために動作のより細やかなニュアンスを端的に的確に伝えようとしている可能性がある．応援で用いられたオノマトペは，児童が生地をこねる動作に合わせて教師が「ギュッ，ギュッ，ギュッ」と発話しているのを観察できたように，繰り返しや特殊モーラを含むものが多かった．これについては，児童の動作に合わせてリズムやテンポを合わせていく役割を担っていると推測している（高野・有働，2010）．

　宇留野ら（2022）は，オノマトペを含んだ働きかけをすることによって児童の応答が増えたことを示している．自閉スペクトラム症を伴う知的能力障害児3名（生活年齢が5歳4か月～7歳1か月，発達年齢が2歳3か月～2歳8か月）に対して，オノマトペでの働きかけと非オノマトペでの働きかけの両方を行い，オノマトペによる働きかけの方が応答的発話の生起率が増加し，発話に占める

表 **6.3** 教育的行為とオノマトペの特徴との関連（高野・有働，2010：Table 4）
（オノマトペ総タイプ数 43）

教育的行為		オノマトペの総数（発話）	表現している内容（発話）					語基の音節数（発話）		繰り返し（発話）
			音	動作	音と動作	物の状態	内的状態	1モーラ	2モーラ	
指示	全体向け	8	1	5		2		3	5	3
	個人向け	29	4	14	11			22	7	7
説明	解説	16	9	2	1	4		11	5	1
	実演	7	1	5	1			2	5	3
	回想	2			1	1		1	1	1
応援		16	5	7	4			8	8	13
評価	肯定	5	4			1		4	1	1
	中間	1		1					1	
	否定	1	1					1		
号令		5	1	4				5		2
質問		1	1					1		

塗りつぶし：それぞれの教育的行為カテゴリに分類される教師発話に含まれるオノマトペ総数の半数以上を占めるもの

オノマトペの割合が増加していたことを報告している．

第2部　今後の展望

第3節
特別支援教育におけるこれからの言語研究

　知的能力障害の子どもを含め，特別なニーズのある子どものことば・コミュニケーションの認知科学的研究が少ない現状を受けて，これから障害のある子どもの言語研究を進めていくことが求められる．観察の対象となる文法現象として，語彙，文の長さ，文の複雑さ，接続詞，接続助詞，終助詞など，文の長さと特定の文法範疇の出現率の相関関係の有無を調べる（池ほか，1978）など，統計的手法も客観性を担保する意味で健在である．その一方で，具体的にどのような発話であったのかについての詳細（話し手・聞き手の関係性などの文脈情報，発話の構文的特性，韻律などの音声情報など）を丁寧に記述していくこ

とも重要である．観察の対象となった子どもたちの言語生活のリアリティを把握するには，例えば学校におけるオノマトペ発話現象を記述した有働・高野（2007）や高野・有働（2007）のように，発話についての認知言語学的，社会言語学的な記述に基づいた研究も望ましいと考える．また，「誤用」などの「どこでできなくなっているか」という視点のみならず，田中（2001）に見られる健常児に比して発達に遅れの見られない肯定的評価についての研究も，特別支援教育においては意義のあるものとなる可能性がある．

第4節
特別支援教育でのことば・コミュニケーションの学習の充実に向けて

　障害児にとってより質の高いことば・コミュニケーションの学習を可能にするには，今後どのようにすればよいだろうか．障害などがありことば・コミュニケーションの学習が重要になる場合に，児童生徒を適切にアセスメントし，そのアセスメントをもとに児童生徒にあった指導をしていき，評価をして指導を修正するという循環が求められる．そのためには，少なくともことば・コミュニケーションの支援に関するプロフェッショナルである言語聴覚士（speech language communication hearing therapist: ST）と教育のプロフェッショナルである教員の協働は欠かせない．

　英国では，日本のSTに相当する専門家として，スピーチ・ラングイッジ・セラピスト（speech and language therapist: SLT）が学校スタッフとして特別支援学校内で児童生徒のアセスメントや指導，教員などへの助言を行っており，小学校においても，頻繁に訪問して児童の指導などに当たっている（高野，2014）．小児を対象とするSLTの活動の場は，小学校（35.0％），地域のクリニック（17.0％），特別支援学校（14.3％）の順で学校が活動の中心になっており，医療機関での所属，活動が多い日本の現状とは大きく異なり，日本も，もう少し英国の状況に近づける施策を講じたいところである．英国には，特筆すべきこととして，ことば・コミュニケーションの困難を持つ児童を対象に特化した特別支援学校もある（コラム「STなど専門家とのコラボによる教育」参照）．そこでは，英国の学習指導要領（National Curriculum）に則りながら言語学の知見に基づいたことば・コミュニケーションのプログラムを採用している．アセスメントに基づき個別の計画を立て，生活や教科学習に結びつけ，優先度

の高い語彙とその関連語彙を学び，文法，ナラティブ（お話語り，ストーリーテリング）の指導などを行っている．教育指導体制が特徴的で，各クラスに教員と SLT や言語・コミュニケーションを指導する介助員がおり，児童のアセスメントをもとに教科教育に重要な語彙を選び，言語・コミュニケーションを学ばせる場，教科の授業，その他の生活の中と，層を成すように指導の場を設けている．指導スタッフの実践研究や計画的な研修もあり，言語学的に最適な内容の授業実践が可能な体制である．また，地域の小学校でも，SLT が学校生活の中で児童の発話やコミュニケーション行動を細かに記録しており，授業時間内に別のスペースで専門的なことば・コミュニケーションの指導を受けることが可能である．

　日本では小児を対象とする ST は依然として少なく，学校で ST と教員が密に連携して指導することは難しいところもあるが，ST と教員などのチームティーチングを試行していければ，学校という児童の生活現場での児童の言語・コミュニケーションのより正確な実態把握や先駆的な実践が可能となり，実践経験の観察を通して教育現場での認知科学的な知見が増え，障害児のことばの指導支援によりきめ細かな貢献ができるようになると考える．

推薦図書

　特別支援教育を射程に入れた言語コミュニケーション障害についての著書に，『発達期言語コミュニケーション障害の新しい視点と介入理論』（笹沼，2007）があり，医学，心理学，言語学など学際的な視点で書かれている．また，『ことばの授業づくりハンドブック—特別支援教育と国語教育をつなぐ』（浜本，2014）は，ことばの教育の専門家や実践者が特別支援教育を十二分に意識して書いている貴重な書籍である．

文　献

青木康彦・野呂文行（2020）「重度知的障害のある ASD 児に対する要求場面および反応型共同注意場面における視線移動の指導法の検討」『特殊教育学研究』**58**(2)：97-106.

Baron-Cohen, S. et al.（1985）Does the autistic child have a "theory of mind"? *Cognition* **21**(1): 37-46.

Coltheart, M. et al.（2001）DRC: A dual route cascaded model of visual word recognition and reading aloud. *Psychological Review* **108**(1): 204-256.

Dennis, M. et al.（2001）Inferential language in high-function children with autism. *Journal of Autism and Developmental Disorders* **31**(1): 47-54.

Dewey, M. A. and Everard, M. P. (1974) The near-normal autistic adolescent: Nonreciprocal speech. *Journal of Autism & Childhood Schizophrenia* **4**(4): 348-356.

Frith, U. and Happé, F. (1994) Autism: Beyond "theory of mind". *Cognition* **50**(1-3): 115-132.

藤野　博・盧　熹貞（2010）「知的障害特別支援学校における AAC の利用実態に関する調査研究」『特殊教育学研究』**48**(3)：181-190.

浜本純逸（監修）（2014）『ことばの授業づくりハンドブック―特別支援教育と国語教育をつなぐ』渓水社.

橋本創一（2006）「知的障害児の言語発達特徴と教育支援フレームについて―知的障害児とダウン症児の言語発達に応じた支援プログラムの構築に向けて」『発達障害支援システム学研究』**5**(1)：57-66.

池　弘子ほか（1978）「知能障害児の話しことばに関する研究―その文章構造の特性について」『特殊教育学研究』**16**(1)：1-13.

伊藤友彦（1993）「言語発達遅滞研究と言語理論」『特殊教育学研究』**31**(1)：39-43.

Jung, M. et al. (2014) Default mode network in young male adults with autism spectrum disorder: Relationship with autism spectrum traits. *Molecular Autism* **5**: 35.

神尾陽子（2007）「自閉症スペクトラムの言語特性に関する研究」笹沼澄子（編）『発達期言語コミュニケーション障害の新しい視点と介入理論』pp. 53-70, 医学書院.

菅智津子・樋口和彦（2017）「重度・重複障害児の共同注意行動の発現過程とその支援―二項関係から三項関係への移行期の事例から」『特殊教育学研究』**55**(3)：145-155.

河野武志・葉石光一（2021）「知的障害児における数詞の変換処理―支援法開発のための予備的検討」『埼玉大学紀要 教育学部』**70**：113-126.

Li, M. et al. (2022) Atypical structural connectivity of language networks in autism spectrum disorder: A meta-analysis of diffusion tensor imaging studies. *Autism Res* **15**(9): 1585-1602.

峰岸真琴（2005）「コミュニケーション障害の言語学的記述と評価」『コミュニケーション障害学』**22**：93-99.

文部科学省（2018）『特別支援学校教育要領・学習指導要領解説 自立活動編（幼稚部・小学部・中学部）』開降堂出版.

村尾愛美（2021）「知的障害児者の形態的・統語的側面に視点を当てた言語研究の現状と課題―特異的言語発達障害児の知見との比較を中心に」『東京学芸大学紀要 総合教育科学系』**72**：287-297.

中村理美ほか（2017）「小学2～6年生における漢字書字低成績の背景要因に関する研究」『特殊教育学研究』**56**(1)：1-13.

大井　学（2006）「高機能広汎性発達障害にともなう語用障害―特徴，背景，支援」『コミュニケーション障害学』**23**(2)：87-104.

岡本邦広（2014）「漢字書字に困難のある児童生徒への指導に関する研究動向」『国立特別支援教育総合研究所研究紀要』**41**：63-75.

大藪　泰（2004）『共同注意―新生児から2歳6か月までの発達過程』川島書店.

笹沼澄子（編）（2007）『発達期言語コミュニケーション障害の新しい視点と介入理論』医学

書院.

高木潤野・伊藤友彦（2011）「ダウン症児の発話と調整能力の特徴―非ダウン症知的障害児との比較」『特殊教育学研究』**49**(3)：229-236.

高橋　登・中村知靖（2015）「漢字の書字に必要な能力― ATLAN 書取り検査の開発から」『心理学研究』**86**(3)：258-268.

髙橋三郎・大野　裕（監訳）（2014）『DSM-5 精神疾患の診断・統計マニュアル』医学書院. [American Psychiatric Association (ed.) (2013) *Diagnostic and Statistical Manual of Mental Disorders: DSM-5*, fifth edition, American Psychiatric Pub.]

高野美由紀（2014）「英国での特別な教育的ニーズのある子どもの教育におけるスピーチ・ラングリッジ・セラピストとの連携」『兵庫教育大学研究紀要』**45**：53-61.

高野美由紀・有働眞理子（2007）「重度知的障害児への教育的支援におけるオノマトペの貢献」『兵庫教育大学学校教育学研究』**19**：27-37.

高野美由紀・有働眞理子（2010）「養護学校の教師発話に含まれるオノマトペの教育的効果」『特殊教育学研究』**48**(2)：75-84.

田中真理（2001）「知的障害者の物語伝達場面におけるメタコミュニケーション」『教育心理学研究』**49**(4)：427-437.

田中優子・神尾陽子（2007）「自閉症における語用論研究」『心理学評論』**50**(1)：54-63.

有働眞理子・高野美由紀（2007）「養護学校小学部の授業に見られるオノマトペ的発話―対話活性化の言語学的要因」『兵庫教育大学学校教育学研究』**19**：17-26.

Uno, A. et al. (2009) Relationship between reading/writing skills and cognitive abilities among Japanese primary-school children: Normal readers versus poor readers (dyslexics). *Reading and Writing* **22**: 755-789.

宇留野哲ほか（2022）「自閉スペクトラム症児を対象としたオノマトペを用いた関わりの検討」『特殊教育学研究』**59**(4)：257-267.

ウィング, ローナ（1998）『自閉症スペクトル―親と専門家のためのガイドブック』東京書籍.

渡邉健治・岩井雄一（監修）（2021）『知的障害教育を拓く自立活動の指導― 12 の事例から学ぶ「個別の指導計画」の作成と指導の展開』ジアース教育新社.

Wydell, T. N. and Butterworth, B. (1999) A case study of an English-Japanese bilingual with monolingual dyslexia. *Cognition* **70**: 273-305.

四日市章ほか（2018）『聴覚障害児の学習と指導―発達と心理学的基盤』明石書店.

コラム　特別支援学校教員の発話に見るオノマトペ

　オノマトペとは音や物の様子を言語形式で表現したもので，音から意味を想起しやすい音象徴を内包し，身体動作やジェスチャーと共起しやすいため，「実際的，具体的」に行われる知的障害児への教育的支援において効果を発揮することが予想される.

　高野・有働（2010）は，養護学校小学部での参与観察で得られたオノマトペ

を含む教師発話57を集約し，教育的行為のカテゴリを生成している（表6.4）. 例えば，児童がうどんの生地を棒で伸ばすことを求められていたが，棒を生地に押しつけていたのでそばにいた教員が「ギュッギュとちゃう（違う）で，コロコロやで」というと，児童は棒を生地の上で転がしたというエピソードが得られると，文脈から教師は生地を伸ばす動作を修正する指示を出したと分析して，ラベル「生地を伸ばす動作を修正する指示」を作成した．さらに，似たラベルを集めて，「指示（個人向け）」という上位概念を生成し，教育的行為カテゴリにしている.

表6.4　教育的行為カテゴリの基準と教師発話の例（高野・有働，2010：Table 1）

教育的行為カテゴリ		基準	教師発話の例
指示	全体向け	その場にいる全児童に対して，次に行うべき行動などを示す	「三人ずつグルングルンと何度も回ってください」
	個人向け	特定の児童に対して，次に行うべき行動などを示す	「ギューッとしようか」
説明	解説	内容や意味を分かるようにいう	「はれピカピカです」（ピカピカに合わせ，開いた手掌を回内・回外させる）
	実演	実際に行動などで示す内容や意味を分かるようにいう	「ウィーンと混ぜながら入れるよ」
	回想	以前に経験したことを分かるようにいう	「体重かけてギュッギュッ」（前回の写真を提示しながら）
応援		勢いをつけたり，調子をとったりする	「クルクル，クルクル，クルクル……」（児童が回すのに合わせて）
評価	肯定	児童の発言や行動を褒めるなどの肯定的な見解	「コンコンコンのハンマーも上手にできていました」
	中間	児童の発現や行動に対する肯定的でも否定的でもないという見解	「ありがとう，ペッタンできひんかったけど（教えてくれました）」
	否定	児童の発現や行動に対する否定的な見解	「ブー」
号令		ある決まった行動をとらせるための合図	「おててはパ，さんはーい，パン・パン・パン・パン（手拍子）……」
質問		児童に内容や意味を尋ねる	「コンコンは何か分かる」

コラム　ST など専門家とのコラボによる教育

　英国に，ことば・コミュニケーションに困難のある子どもを支援する民間組織が母体となる小学部のみの私立特別支援学校があり，学齢期早期に密に支援指導をすることで，言語機能の向上を図ろうとしている．教員，SLT，LSA（language support assistant）で構成される教員チーム（T，SLT，LSA）で，ナショナルカリキュラムに沿う独自の「STAR（Select-Teach-Activate-Review）プログラム」という濃厚な語彙学習などで指導している．

　STAR の第 1 段階の 'select' では，児童が学習する必要のある語彙を選ぶ．例えば，理科で必要な 'light' という語が選択されたら，'dark' 'shadow' などの最も基本的な関連語彙の 'anchor word'，場面に応じて必要な 'Goldilocks word'，発展的に学ぶ語彙 'step-on word' の 3 層の語彙学習リストを作成し，段階的に指導する．第 2 段階の 'teach' では言語学的なエビデンスに基づいた指導がなされ，ジェスチャーなども積極的に活用される．新規語彙については，音韻論的な側面を重視し，何拍数える語であるか手を打って数えながら語の音節数を確認させ，音節構造の中の脚韻（rhyme）への気づきも促す．例えば，'pretend' という語については，2 音節で，'end' 'bend' など，同じ脚韻を持つ語彙に気づかせる．また，音の単位として音素としての子音にも注意を向けるようにする．意味については，基本語彙を用いて説明し，場面に応じた使い方についても指導する．例えば，'pretend' は，劇遊びのときはよいことであるが，嘘をつく場面ではよくないなど語用論的な指導も行っている．さらに，文法的情報，特に統語範疇（品詞）はカラーコード（colour code）を用い，例えば，動詞は黄色，形容詞は緑色などである．そして，語彙ごとの学習シートを完成させる．第 3 段階の 'activate' では，言葉のリズムに気をつけて歌を歌う，劇遊びをするなど，一緒に練習する，歌う，演じるなど多角的な視点から学ぶ．第 4 段階の 'review' では，学習した語彙が定着するように，ゲームや自習課題，発展課題で折を見て何度も繰り返して思い出したり，使ったりする機会をできるだけ作る．

　学齢期早期に SLT と教員などが協働してことば・コミュニケーションの支援指導（therapy and care）と教科などの学習（education）をすることで，将来の教育や生活での支援ニーズを減らすことができる．

ことばのリハビリテーション

◆キーワード

言語療法，失語症，進行性失語症，意味性認知症（SD），外国語様アクセント症候群（FAS），特異的言語発達障害（SLI），発達性ディスレクシア（DD），ICF，メロディックイントネーションセラピー

　ことばは，大脳の言語を司る領域に何らかの障害が起きて，機能が低下したり失われたりすることがある．後天的に障害されたことばに対するリハビリテーションは，初期の段階は医療の領域で行われ，その後は福祉の領域で長期的に継続される．これまで言語学や認知言語学は，観察されることばの症状や回復の様相，障害に介入した言語治療の結果などから，言語の構造や機序について多大な示唆を得てきた．本章では，その後天的なことばの障害について概説したのち，小児の先天的なことばの障害についても取り上げ，ことばのリハビリテーションの現状と展望についてまとめてみたい．

第1部　現在までの流れ

第1節
失　語　症

　大脳の言語領域の病変により，いったん獲得された言語機能が障害された状態を失語症（aphasia）という．失語症は，「聞く」「話す」「読む」「書く」という言語すべてのモダリティ（様式）が障害され，意識障害や認知症，全般的な知的能力低下などが原因で起こる二次的な言語障害とは区別される．原因となる疾患は脳血管障害が全体の88％であり，その内訳は脳の血管が詰まったり閉塞したりする脳梗塞が53％，脳出血が30％である（種村ほか，2016）．

　「古典論」あるいは「局在論」と呼ばれる，言語症状と脳の損傷部位との関連を重視する従来の立場では，言語機能は大脳左半球の大脳皮質の特定の部分に局在するといわれてきた．「話す」という言語の表出に関わる領域は，1861年のブローカ（Paul Broca）の発見により「ブローカ野（Broca's area）」と呼ばれ，「聞く」という言語の意味理解に関わる領域は1874年のウェルニッケ（Carl Wernicke）の研究から「ウェルニッケ野（Wernicke's area）」と呼ばれ

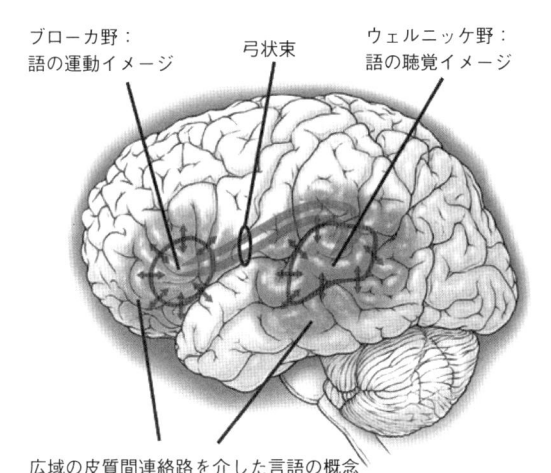

図**7.1**　古典的な大脳左半球の言語野の図式（Chang et al., 2015 より改変）

てきた（図7.1）（Chang et al., 2015）．しかし，近年の脳外科の知見や機能的磁気共鳴画像法（functional magnetic resonance imaging: fMRI）と言語処理の理論では，大脳は全体的なネットワークとして機能しているという新たな展開が見られている．それは，上縦束（superior longitudinal fasciculus）と弓状束（arcuate fasciculus）を中心とする背側（上方）の音韻処理系と，下前頭後頭束を中心とする腹側（下方）の意味処理系からなる基盤的二重回路に，複数のサブネットワークが関与するネットワークモデルである（藤井ほか, 2016）（図7.2）．上側頭回の音韻処理では，聞き取った語音の認知，把持を経て，中側頭回を中心とした語彙へのアクセスや意味処理が行われる．単語レベル以上の文や文脈，文法の処理には，下前頭回や下頭頂小葉が加わる．その他，前頭葉内側面と外側面をつなぐネットワークは，発話の駆動つまり発話の開始や言語の自発性に関与する．このように，脳全体で言語処理ネットワークを組むという考え方は，現在のコンピュータの全体的情報処理の理論に影響を受けている一面もあろう．

　失語症の言語障害に対しては，脳外科，脳神経外科，リハビリテーション科，神経内科，耳鼻咽喉科などの診療科で，言語聴覚士によるリハビリテーションが行われる．言語のリハビリテーションは，平均的には入院中は週5回の頻度

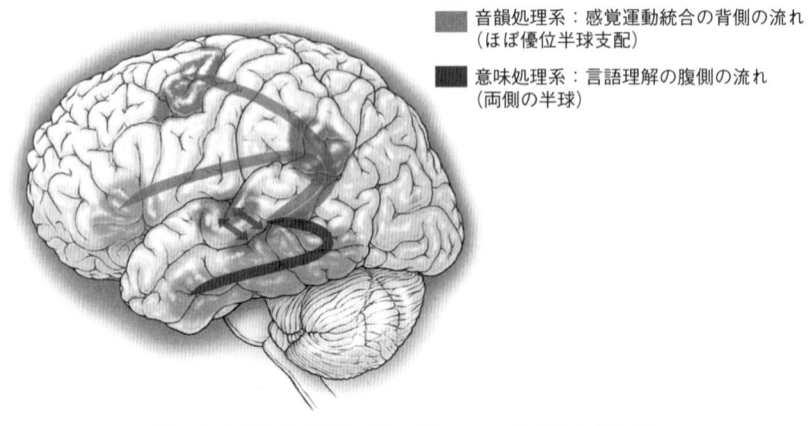

■ 音韻処理系：感覚運動統合の背側の流れ
（ほぼ優位半球支配）

■ 意味処理系：言語理解の腹側の流れ
（両側の半球）

図7.2　言語の二重経路モデル（Chang et al., 2015 より改変）

で約半年間実施され，退院後は週1回の頻度で2年間程度あるいはそれ以上に及ぶ場合もある．言語治療の効果の大きさは，日本の20本の論文の治療効果のメタ分析研究では，① 中高年者より若年者が大きい，② 長期経過を追う研究で大きい，③ 発症後1年未満では半年を越えても変化あり，④ 病巣の部位は関係がない，⑤ 失語症のタイプでは，運動性失語に比べ感覚性失語が良好で，混合性失語は効果見られず，⑥ 書字や書き取りより呼称が大きい，⑦ 治療技法では，用いられたどの技法でも効果あり，⑧ 慢性期失語症者へのグループ訓練も中程度の効果あり，と報告された（三村ほか，2010）．転帰としては家庭復帰が最も多く50%程度を占めており，福祉施設などの利用はその約半数である．職場復帰（現職復帰）は約8%であり，発症年齢や重症度，現職の職種などの要因によって他の高次脳機能障害より数値が低い（種村ほか，2016）．

第2節
失語症の言語障害への介入

失語症の言語のリハビリテーション，つまり言語治療は，第二次世界大戦後の米国で，戦傷者を対象に系統的に行われたことから始まった．日本では，1997年に成立した言語聴覚士法により，言語聴覚士が言語治療を担当する．その当時，リハビリテーションの基本的な考え方は，WHO（World Health Organization，世界保健機関）の ICIDH（International Classification of Impairments, Disabilities, and Handicaps，国際障害分類）に基づき，機能障害，

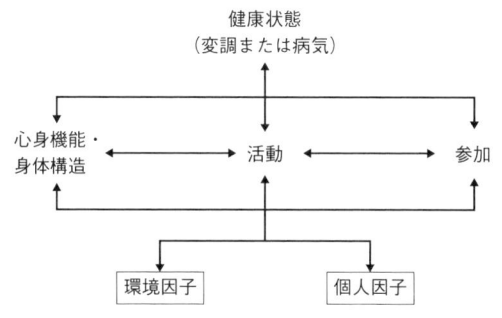

図 7.3　ICF の構成要素間の相互作用（厚生労働省，2002）

能力低下，社会的不利という枠組みの中でアプローチを行うものであった．
ICIDH は，その後 2001 年に ICF（International Classification of Functioning,
Disability and Health，国際生活機能分類）に改変され，症状を障害というマ
イナス面からではなく，生活機能というプラス面から見るように視点を転換し，
さらに環境因子などの観点が加えられた（図 7.3）（厚生労働省，2002）．この
ような障害を捉える概念の全体的枠組みの変化の中，言語治療の概念や方法論
もそれに合わせてアップデートされている．

　従来の言語治療は，言語障害とそれに伴うコミュニケーション障害そのもの
に注目し，言語機能の回復を図る「狭義の言語治療」と実用的なコミュニケー
ションの改善を図る「広義の言語療法」が行われてきた．この言語治療の理論
と方法論については，表 7.1 にまとめた．これらは，現在でも様々に組み合わ
されて，日々の臨床で使用されている．また，失語症の患者の言語症状から，
言語学的な考察も数多く行われた．特に，表出が障害されるタイプの失語症に
おける文法的機能語の理解と表出の障害や，文構造が複雑な文の理解障害，照
応形の理解の障害などは，生成文法の理論の説明的妥当性に寄与してきた．さ
らに，1990 年代後半から 2000 年代に入り，英語圏の研究が英語圏以外の個別
言語の障害の様相に一般化できるかという疑問に対しての言語横断的な研究
（cross-linguistic study）が始まった．しかし，それ以来いまだに明確な結論は
出されていない．

表7.1　言語治療の理論と方法論

名称	考案者	内容
刺激法	Schuell (1964)	学習理論に基づき,質・量ともに統制された感覚刺激(特に聴覚的刺激) を与えることによって,反応を選択的に強化する.
プログラム学習法	Holland (1970)	学習理論のオペラント条件付けの応用. 刺激を系統的に細かい段階に統制し,提示方法を厳密に規定して反応内容を測定する.
機能再編成法	Luria (1970)	残存している機能を用いて,障害された機能を補う.
拡大代替コミュニケーション	Holland (1980)	Communication ADL という考え方を導入し,実用的な伝達手段でコミュニケーションの効率を上げる.
遮断除去法	Weigl (1981)	障害の軽いモダリティで言語過程を賦活・活性化させたのちに,障害の重いモダリティで同じ反応をさせると,反応が促進される. プライミングの応用.
認知神経心理学的方法	Howard et al. (1992)	機能障害を起こしている情報処理過程を特定し,その部分に働きかける.

第3節
言語学と失語症学

　言語学と失語症学のこのような状態について,板東 (2013) は,「言語学から,失語症学は (言語学からみた) 言語の解明に対して何も寄与しないという批判がある. 例えば,言語機能の脳における局在性は,神経心理学的には重要であるが,脳の機能を担う部位が特定されなくても言語学的研究には影響しないとする. (中略) しかし,逆に言うと,局在損傷で失語が起きることを言語学では説明できない. ヒトでのこのような言語機能の分担とその配置が単なる偶然であるのか,それとも何らかの必然性があるのかはまだ明らかではない. また,言語学は言語機能を実現するのに必要な機構について知見を持たない. 失語症研究はこの点で言語研究に寄与する」と述べ,異なる領域の学問が相互に交流して知見を交換しつつ互いの理解に努めることの重要性に言及している. この見解が公表された時点では,まだ言語機能の局在は常識であったということを踏まえておくべきではあるが,時代は徐々に局在論から全体論にシフトしていく.

　「言語学と脳科学」について臨床的かつ全体論的観点からの論考を試みたのは小嶋(2019)である. 彼は,「人間の認知活動が脳内ネットワークのダイナミックな活性化として捉えられるようになったことが,つまり機能結合の考え方」

であり，生成文法でいうところの「モジュール」の相互作用が総体として同時並行して運用されているという考え方が広く認められてきているとしている．ただ，文の記述的妥当性を追究する言語学（生成文法）に対して，失語症の言語治療の臨床の場においては「意味すなわち出来事」が出発点であり，それをどう表現するかというプロセスに介入する言語運用の問題が最重要であって，残念ながら生成文法から言語臨床の現場までの距離はまだ遠いと述べている．さらに臨床的には日本語における統語機能の障害は極めて見えにくく，言語学でよく知られた「失文法」（機能語の理解，表出が障害される）の存在の曖昧さを俎上に載せている．ただし，言語学と脳科学についてはまだまだ論点が尽きることがないというのが，小嶋の結論であった．

第4節
現在の研究の広がり（1）：成人の大脳の機能障害と言語

　失語症の言語治療は，背景となる枠組みが ICIDH から ICF に変わったことで，病院で長期にわたって言語障害に対するリハビリテーションを受けるのではなく，地域に戻ってリハビリテーションを継続する形に移行している．日本の医療全体が，地域で自立して生活することを目標とする方向へ動いている中，純粋に言語障害を言語学の研究対象として追究する場はそれに伴って（残念ながら）結果的に減少し，代わりに失語症のある人の生活の質の向上を目指す研究が広く行われるようになっている．例えば，失語症の会話パートナーになってコミュニケーションを促進するという「意思疎通支援事業」は，2013 年から施行された「障害者の日常生活及び社会生活を総合的に支援するための法律（障害者総合支援法）」に規定される地域生活支援事業として意思疎通支援の強化を図ることとされており，その実施についての実践的研究が数多く報告されている．

　このような医療的背景の変遷の中で，失語症にかわって言語症状の分析対象となった疾患の 1 つに，意味性認知症（semantic dementia: SD）がある．脳血管障害が原因の失語症の症状は変化はしても進行はしないが，この疾患は徐々に失語症の言語症状が進行することが特徴である．病名は進行性失語症の国際分類名である原発性進行性失語（primary progressive aphasia: PPA）といわれることもある症候群で，神経変性によって側頭葉前部に限局的な萎縮

表 **7.2**　意味性認知症（SD）の言語症状に関する臨床特徴（小森,
　　　　　2021：表 1 を改変）

特徴	症状
I.　中核的診断特徴	A.　潜行性に発症し緩徐に進行する
	B.　次のように特徴づけられる言語障害
	1.　流暢性で内容語の乏しい自発話
	2.　呼称／語の理解に現れる語義の喪失
	3.　意味性錯語
	C.　単語の復唱能力保存
	D.　正書法的な規則語の保存
II.　支持的診断特徴	1.　発話心拍（press of speech）
	2.　独特の語の使用（idiosyncratic word usage）
	3.　音韻性錯語の欠如
	4.　表層失読・表層失書*
	5.　計算能力の保存

*表層失読：漢字熟語の読みに規則的な音読みを適用する（例：近道→
　　　　　きんどう）
　表層失書：漢字が思い出せないときに音が同じ他の文字を書く（例：
　　　　　えんぴつ→円筆）

が生じ，それによって言語や様々な感覚刺激の認識に関わる意味記憶が選択的
かつ進行性に障害される．その症状を表 7.2 にまとめた．自伝的記憶を含む他
の認知機能は正常かあるいは軽度の低下にとどまることに対して，意味（こと
ばの意味つまり語義の理解および／または物品の同定）障害は，病初期から全
経過を通して最も優勢な症状である．音韻的側面は保たれているにもかかわら
ず，語の意味が失われ，例えば聴覚的な理解課題で「ねこはどれですか？」と
聞かれて該当する絵カードの選択を求められると，「ねこ？　ねこって何です
か？」と聞き返す（表 7.2 の B-2 の症状）．通常の失語症であれば，猫の意味
は分かっているのに「ねこはどれですか？」と聞かれると「ねこ」という音が
分からない，つまり語の意味は保たれていて音韻的側面が障害されるのとは逆
パターンの，音韻的側面は保たれているが語の意味が障害されているという障
害像を示す．このことは，ことばの意味記憶についての興味深い示唆を与えて
くれる．というのも，SD では辞書にある原初の意味（概ね物理的属性にちな
んだもの）は保たれるが，例えば「ねこをかぶる」などのように，そこから派
生する副次的な意味にあたる概念の一部が早期から失われていき，やがて「ね
こって何ですか？」という状態に至るからである．いわば社会的に合意を得て

音に特別な意味を持たせた言語の恣意性が失われた状態であり，恣意性こそが対象と言語を連合させる重要な鍵であることを教えてくれるのである（小森，2021）．

さて，最近の国際化のもと，多言語使用者の失語症も話題になっている．多言語話者の失語の回復は，多次元的に複数の要因が相互に影響して様々なパターンを生じる．以下，福永（2022）に沿って，主な論点を整理する．

① 発症前の早期（7歳以前）の言語習熟度と言語の使用頻度の果たす役割が強い．

② 発症前に特定の言語に偏って使用していた場合，その言語の回復に影響を及ぼす．また，言語習得が口頭言語か書字言語かによって回復は異なる．

③ 音韻体系，統語構造，文字体系が類似し，言語学的類似性が高いと考えられる2つの言語では，失語症の重症度が同程度で，並行的に回復しやすい．

④ 訓練を実施した言語の訓練効果として未実施の言語で汎化が見られたとする報告と，訓練を実施した言語が未実施の言語より有意に改善して差が生じたとする報告があり，結論は出ていない．

多言語話者の言語障害は，言語学的観点に立てば，非常に興味深い現象であろう．ただ，言語聴覚士が多言語話者である場合は複数の対象言語で同等同質の訓練が行えるが，現実にはそれはかなり難しい状況であり，結果的に研究は事例報告にとどまることが多いことも致し方なしと思われる．

失語症言語治療の臨床的技法の中では，古くて新しいメロディックイントネーションセラピー（melodic intonation therapy: MIT）が見直されている．「古くて」というのはこの技法が開発されたのは1970年代初頭だからであるが，アメリカ言語聴覚士協会（American Speech-Language-Hearing Association: ASHA）のエビデンスマップでも，改善のエビデンスがあるとされている訓練技法である．いわゆるブローカタイプと呼ばれる運動性の表出障害の患者に，発話の音楽的パターンとしてメロディーとリズム，高低の2種類のピッチ（日本語の場合はアクセントにあたる）を使用して，発話の改善を指導する．「しゃべる」のではなく「歌う」ように意識して表出してもらうことを求める．理論的仮説としては，左半球を損傷して発話に障害があっても，右半球が優位であ

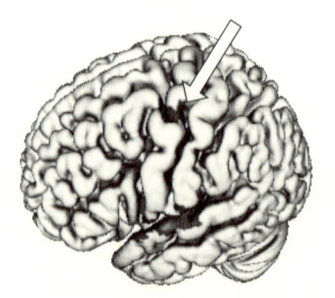

図7.4　FAS の責任病巣の重ね描き（lesion
network mapping）の結果（東山・田中,
2018 を改変）
白い矢印が喉頭・発声領域に近接した障害部位.

る歌唱能力の残存機能を活かして発話を促進させる方法論である．しかし一方
で MIT の根拠として別の考え方もある．発話とアクセントの関係については，
発話が外国語様に聞こえる「外国語様アクセント症候群（foreign accent syn-
drome: FAS）」の報告は，1900 年代初頭の症例報告から枚挙にいとまがない．
発症後の発話が，戦争の敵国のアクセントに聞こえてスパイ扱いされてしまっ
た症例なども知られている．この症候群は世界各国で報告され，責任病巣（図
7.4）は喉頭筋・呼吸筋の運動支配を司る中心前回（運動野）中部であり，母
音や子音の長さの変化を変徴とすると英語アクセントに聞こえ，ピッチの障害
が目立つと中国語・韓国語アクセント型になるとされている（東山・田中，
2018）．近年の見解としては，FAS は失語症そのものの症状ではなく，失語症
に併存することが多い中心前回中部の喉頭・発声領域の障害に起因した喉頭筋・
呼吸筋の調整障害と考えられている．MIT はこの発声のメカニズムにアプロー
チすることで，FAS が併存する重度の失語症の発話の障害改善を目指す方法
論であるといえる．以上の 2 つの考え方のどちらであっても，言語にとっての
アクセントの重要性に気づかせてくれることに変わりはない．

第5節
現在の研究の広がり（2）：小児の大脳の機能障害と言語

　小児の場合，リハビリテーションの対象となる大脳の機能障害は先天性と後
天性がある．本節では，先天性の機能障害として，特異的言語発達障害と発達
性ディスレクシアを取り上げてリハビリテーションについて述べ，言語学との

関連を考える．なお，リハビリテーションは，rehabilitation という英語の単語を見れば分かるように，"re" つまり「復帰，戻る」という意味があり，失われたものを取り戻す意味を内包している．しかし，小児の場合は失われたのではなく発達の途上で生じる問題に対応するのであり，ハビリテーション（habilitation）あるいは療育，指導，支援という用語が使用される．

　特異的言語発達障害（specific language impairment: SLI）は，聴覚障害，知的発達症，社会性や対人関係の障害，発声発話の運動機能の障害，言語環境の問題など，言語発達を阻害する要因が認められないにもかかわらず，ことばの発達が特異的に障害される（「特異的」は，言語以外の発達上の問題がない，という意味で使用される）．特徴的な症状は，初期の発話の表出の遅れであり，発話が出てくるようになると目立つのが動詞の語尾変化などの言い誤りである．英語圏の研究では，例えば三人称単数の -s，過去形の -ed および現在進行形の -ing の脱落のような動詞に関連した文法形態素の省略や誤用が例として挙げられる．さらに，無意味語の復唱が苦手で，音韻的側面にも低下が認められる（後藤，2023）．日本語話者では，語彙の不足と語想起の遅れ，助詞の脱落と誤用，授受動詞の誤りなどが見られるとされる（田中，2016）（図7.5）．指導・支援は子どもの言語発達の状態を的確に評価し，その結果に基づいて個別に行う．一般的には，表出の遅れであっても言語の理解を伸ばす指導を優先する．表出の遅れに対しては，音声言語の表出にこだわらずに言いたいことを

お金を　あげて　（お金を　もらって）
お花　買うの.
お母さんが　花が　あげる（お母さんに　花を　あげる）
お誕生日だから！

図7.5　SLI の子どもたちの言い誤り

ジェスチャーなどの別の手段で伝えられるようにする．つまり，実用的なコミュニケーション方法を身につけて意図が伝達できるようになることを大切にする．

　言語学者にとっては，成人の失語症に見られる文法の障害と同様の症状が，言語発達途上の子どもにも出現するということで，発話の分析が活発に行われた．しかし，実際には日本語は主語や助詞が省略されても意味が通じたり（例：お母さんがりんごを食べる→「りんご食べる」だけでも状況が分かっていれば通じる），動詞の活用が誤っていても文脈で意味が通じればあまり問題にされない（例：犬にほえられた→「犬にほえた」といっても「ほえられた」と解釈してもらえる）など，文法的な誤りが明確になりにくい特徴がある．そのため，結果的には残念ながら英語圏での研究ほどは活性化していない．

　発達性ディスレクシア（developmental dyslexia: DD）は，dys が「うまくいかない」，lexia が「文字を読むこと」つまり文字の読みが苦手な障害である．「発達性」は「先天性」と同義であり，成人の後天性の障害である失読（alexiaまたは dyslexia）と区別するために使用される．国際ディスレクシア協会（2002）の定義では，原因は大脳の神経機構にあって音韻的側面が弱く，症状は正確性（読み誤り）と流暢性（滑らかに読めないたどたどしさ）であるとされている（表7.3）．このような発達性ディスレクシアの症状は，どのプロセスでつまずくと症状が現れるのかを情報処理の流れで図示した認知神経心理学的モデルを用いると理解しやすい（石坂，2001）．日本における有病率は，知的発達症がない場合，ひらがなの読みの習得でつまずく子どもたちは0.2%，カタカナは1.4%，漢字は6.9%とされており（Uno et al., 2009），決してまれな障害ではない（この点については，第2，6章も参照されたい）．有病率は言語によってかなり差があり，例えばアルファベットを使用する英語圏では15%程度と高いが，こ

表7.3　国際ディスレクシア協会（2002）の発達性ディスレクシアの定義［原　惠子（訳）］

全体像	神経学的な原因による特異的な学習障害
原因	他の認知能力や学校での効果的指導からは予測しえない，言語の音韻的側面に関する弱さ
特徴	正確かつ，あるいは流暢に単語を認識することの困難さ，つづりの稚拙さ，単語を正確に音声に変換する（デコーディングの）弱さ
その他	二次的に読解の問題を引き起こしたり，読みの経験が少なくなったりすることで，語彙や予備知識の発達を阻害することが起こりうる

表7.4　文字–音の対応の粒性と透明性

粒性	小 ↑ 大	イタリア語 例：pasta /pasta/ 日本語（ひらがな） 例：ねこ /neko/	英語 例：yacht /jat, jɔt/，knight /nɑɪt/ 日本語（漢字の熟字訓） 例：七夕 /tanabata/，田舎 /inaka/
		高←　　　　　　　　　　　　　　　　　　　　　　　→低	
		透明性	

れは言語学的に見ればその言語の特性を表すと考えられている．すなわち文字と音の連合のルールに言語間で差があることを意味しており，Wydell and Butterworth (1999) は，差が生じる理由として「粒性と透明性の理論」を唱えた．粒性とは1文字が担う最小の音の単位であり，透明性とは文字と音の対応関係の規則性のことである．ひらがなは1文字と1音（1モーラ）の結びつきが明確なので，「粒性が大きく，透明性が高い」とされる．一方で，英語のアルファベットは，1文字と結びつくのは音素であり，その結びつきのルールは例外が多い．そのため，「粒性が小さく，透明性が低い」とされる（表7.4）．英語のような文字–音の対応が不規則で不透明な言語では，読みの習得が難しい．日本語話者が第二言語として英語を学習する場合，英語は文字形態が似ていてしかも文字–音対応のルールが複雑なため，学習が苦手な児童生徒が今後増えることが懸念されている（コラム「日本語話者の英語の読みの苦手さをスクリーニングする検査の開発」参照）．

　読みの苦手さに対する指導・支援は，文字と音の連合を形成する基盤となる音韻意識の指導から始め，小学校低学年でひらがなの読みが可能になることを目指す．中学年以降は，読みを支える語彙力の向上と漢字の学習が中心となる的確な指導を受ければ正確性は改善するが，流暢性は標準的な発達に追いつくことは難しい．そのため，高学年以降はICTを活用した読み上げソフトの活用など実用的な手段を指導することが肝要である．さらに最近は，高等教育における入試や学修における合理的配慮が法的に義務化されるとともに，ディスレクシアの児童生徒の心理的な問題にも対処する必要性が認識されつつある．

第6節
現在の研究の広がり（3）：欧米における言語治療のトレンド

　ASHAのウェブサイトや学術誌 *Aphasiology*（失語症学）に紹介されている治療効果のエビデンスのある方法論をいくつか取り上げる.

　●メロディックイントネーションセラピー：　第4節で日本の現状について述べたが，言語表出の改善を目指す方法として，米国でも「右半球に働きかけて言語表現力を向上させる」として挙げられている. 重度の表出障害がある失語症に適用され，短い単純なフレーズにイントネーションをつけることから始め，徐々に音節の長さ，発話の長さを伸ばしていく. 対象者にとって重要度の高いフレーズを練習する中で，徐々にイントネーションを減じていくとされる.

　●音韻構成要素分析（phonological component analysis: PCA）：　呼称や語想起が障害された患者を対象とする. 単語の意味的特徴を踏まえつつ，音韻面の処理を通して表出を促進するアプローチである. 例えば，対象者には写真が渡され，その写真が表す単語に関連する5つの音韻的課題を行う.

　　① その単語と韻を踏むことばを想起する
　　② その単語は何の音で始まるのかを考える
　　③ 同じ音で始まる別の単語を想起する
　　④ その単語はどんな音で終わるのかを想起する
　　⑤ 単語の音節数を数える.

問いに答えられないときは，3つの選択肢の中から答えを選んでもよい. ①〜⑤が答えられたら，最後に目標とする単語をいう.

　●意味的特徴分析（semantic feature analysis: SFA）：　PCAと同様，呼称や語想起の改善を目標にした，単語の検索を改善することを目的とした方法論である. 意味的に関連する意味ネットワーク内の概念の部分的な活性化や機能とラベルの活性化の繰り返しが，概念表現と関連する語彙的意味表現とのリンクの強化につながり，単語検索プロセスが再自動化するという仮説による. このような作用は自動拡散活性化と呼ばれている. 例えば，一枚の絵カードを前に，言語聴覚士は「これを説明するとしたら，どうおっしゃいますか？」というような一般的なヒントや，「カテゴリは何でしょう？」などの特定の意味特徴を引き出すヒントを提示することで，失語症のある人が何らかの答えを引き

出せるようにする.

●干渉的呼称療法（interfered-naming therapy for aphasia: INTA）：　ドイツ語話者に対する研究報告によれば，実行機能（executive function）[1] を利用して呼称を改善させるという論理である．この研究のように，言語の処理に実行機能の概念を敷衍している研究は最近増えている印象がある．"interfere" は妨害とも訳せるが，実行機能に働きかけるという意味で「干渉」と訳す方が妥当であろう．実験の方法としては，コンピュータ上で，目標語の呼称の前にわざと違う単語の理解課題をおとり（distractor）として行って実行機能のコントロールと語彙プロセス処理を活性化し，目標語の語想起を改善させる（Bruehl et al., 2023）．具体的には，課題は図 7.6 に示すように，まず聴覚的理解課題を行い，目標とする単語の周辺の活動を高めるために意味を活性化させる．これは次に続く課題1，2にプライミング効果[2] がある．次の課題には意味課題と音韻課題の2種類があり，意味課題では，聴覚的理解課題で「猿」を選んだ後，コンピュータから（ドイツ語で）「猿」にあたる音声が流れ，表示されている絵の呼称で「バナナ」と答える．もちろん，猿とバナナの意味的関係は理

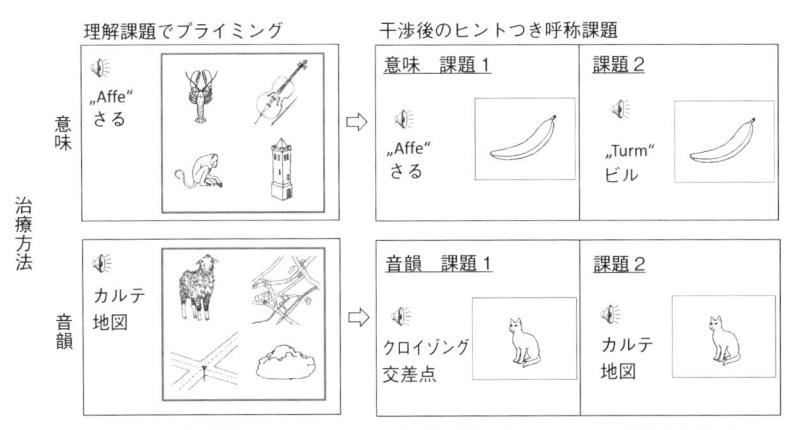

図 7.6　言語と実行機能プロセスを合わせた言語療法（Bruehl et al., 2023 より改変）

---

1)　実行機能は，目的達成，課題遂行のための情報処理の統制機能で，抑制，更新，切替の3要因があるとされる.

2)　プライミング効果は，先行刺激（プライマー）が後続刺激（ターゲット）の処理を促進（または抑制）する効果．無意識かつ潜在的な処理とされる.

解できているという前提に立っていることはいうまでもない．もう一方の音韻課題では，聴覚的理解課題で「カルテ（/ˈkaʁtə/）」という音で「地図」を選んだ後，「クロイゾング（/ˈkrɔøtsʊŋ/）」あるいは「カルテ（/ˈkaʁtə/）」と聞いてから絵の名前「猫」（音は「カッツ（/ˈkatsə/）」）を答える．音韻課題の場合，「クロイゾング」という音系列より「カルテ」という音系列の方が「カッツ」に近いため，目標語が想起しやすくなると考えられる．マルチベースラインデザインで行われた実験は，1か月間の言語治療の前後で通常の呼称検査と干渉的呼称検査の成績が比較されたが，明らかにいわゆる形式的な発話（エコラリアや再帰性発話，自動言語，保続など）が減り，的確な語想起が促進されたという．

第2部　今後の展望

第7節
未来を見通すために

　言語のリハビリテーションは人が行うものであるが，今やまさにその価値と意義が改めて確認され，見直されているのではないだろうか．AIが人間より上手に文を生成できるとしても，やはりリハビリテーションにおいては，言語に障害のある人の気持ちを理解して支えることや，相手の気持ちに共感することが重要なのではないかと考える．人がその役割を担うことはますます求められこそすれ，なくなることはないであろう．

　そのような未来の中で，今後の言語のリハビリテーションはどのように展開されていくのだろうか．1つ目は，IT機器の使用の機会の増大と，使用の方法の広がりであろう．失語症のある人のコミュニケーションの改善のために，IT機器を活用して，その人の伝えたいことを伝えたい人に届けたり，発達性ディスレクシアのある子どもの学習のために，自分の代わりに読み上げてくれるソフトなどが頼もしいパートナーになることはすでに実用化されている．それがいつどのような場でも，誰とでも使える当たり前の道具になることが望まれる．2つ目は，「文字への回帰」である．失語症は「話しことばの障害」と思われがちなので，治療アプローチは「話す」「聞く」という音声言語に重点が置かれてきた．しかし，現在はもしかしたら人とのコミュニケーションのと

り方は，文字で書いて送るメールや LINE，SNS などの方が日常での使用頻度は多いかもしれない．ウェブ上でのことばのやりとりが増えるにつれて，「文字言語」がさらに重要性を増すであろう．このような「視覚的な手段で伝えるコミュニケーション」に次の言語治療の展開のヒントが隠されているかもしれない．

　言語学や認知言語学との連携も，双方の研究の理解と互いのコミュニケーションがさらに緊密になることが期待される．言語という人間だけが持つ高次な脳機能は，人間の尊厳を支える思索の道具である．その本質の解明にとって，障害のある言語の寄与の重要性はこれからも不変である．

推薦図書

　脳と失語症の関連や様々な言語症状については，『脳からみた心』（山鳥，2013）が専門的内容をとても分かりやすく解説してくれている．この本では言語障害に限らず，神経心理学と呼ばれる脳の障害によって生じる様々な高次脳機能の障害がまんべんなく取り上げられている．発達性ディスレクシアについては，医療と教育に携わる複数の著者による『ディスレクシア入門』（加藤，2016）を手にとってほしい．最後に，言語聴覚士の仕事に興味を持った人には，最近の言語聴覚士を取り巻く事情も踏まえながら書かれている『言語聴覚士になろう！』（みやの，2021）をすすめる．

文　献

板東充秋（2013）「「臨床の知」としての失語症」『認知神経科学』**14**(3)：131-138.

Bruehl, S. et al.（2023）Interfered-naming therapy for aphasia（INTA）. *Aphasiology* **37**: 227-248.

Chang, E. et al.（2015）Contemporary model of language organization: An overview for neurosurgeons. *Journal of Neurosurgery* **122**: 250-261.

藤井正純ほか（2016）「大脳白質解剖と言語」*Journal of Neurosurgery* **25**: 396-401.

福永真哉（2022）「多言語話者の失語症の障害と回復」『高次脳機能研究』**42**：267-271.

後藤多可志（2023）「特異的言語発達障害」石坂郁代・水戸陽子（編）『言語発達障害学』pp. 120-127, 医歯薬出版.

東山雄一・田中章景（2018）「Foreign accent syndrome について」『神経心理学』**34**：45-62.

石坂郁代（2001）「2 言語療法」辻　幸夫（編）『ことばの認知科学事典』pp. 260-271, 大修館書店.

Kamioka, S. et al.（2022）Development of a screening test for the early identification of Japanese children with difficulties learning English: A preliminary study. *Progress in Rehabilitation in Medecine* **7**: 1-8.

加藤醇子(編)(2016)『ディスレクシア入門』日本評論社.

小嶋知幸(2019)「「言語学と脳科学」―言語臨床の立場から」『認知神経科学』**21**：202-208.

国際ディスレクシア協会(International Dyslexia Association)(2002) Definition of Dyslexia. https://dyslexiaida.org/definition-of-dyslexia/(最終アクセス日：2023/2/25)

小森憲治郎(2021)「意味性認知症の言語症状としての語義失語」『神経心理学』**37**：164-170.

厚生労働省(2002)「国際生活機能分類―国際障害分類改訂版」(日本語版) https://www.mhlw.go.jp/houdou/2002/08/h0805-1.html(最終アクセス日：2023/3/31)

三村　將ほか(2010)「わが国における失語症言語治療の効果，メタアナリシス」『高次脳機能研究』**30**：42-52.

みやのひろ(2021)『言語聴覚士になろう！』青弓社.

文部科学省(2013)「グローバル化に対応した英語教育改革実施計画」について. mext.go.jp/a_menu/kokusai/gaikokugo/1343704.htm(最終アクセス日：2024/2/3)

Sparks, R. L. et al. (2012) Profiles of more and less successful L2 learners: A cluster analysis study. *Learning and Individual Differences* **22**: 463-472.

田中裕美子(2016)「特異的言語発達障害」石田宏代・石坂郁代(編)『言語聴覚士のための言語発達障害学 第2版』pp. 141-165, 医歯薬出版.

種村　純ほか(2016)「高次脳機能障害全国実態調査報告」『高次脳機能研究』**36**：492-502.

Uno, A. et al. (2009) Relationship between reading/writing skills and cognitive abilities among Japanese primary-school children: Normal readers versus poor readers (dyslexics). *Reading and Writing* **22**: 755-789.

Wydell, T. N. and Butterworth, B. (1999) A case study of an English-Japanese bilingual with monolingual dyslexia. *Cognition* **70**: 273-305.

山鳥　重(2013)『脳からみた心』(角川ソフィア文庫)角川書店.

コラム　日本語話者の英語の読みの苦手さをスクリーニングする検査の開発

　日本では，2020年度より「グローバル化に対応した英語教育改革実施計画」(文部科学省，2013)が実施され，小学校5年生から教科として英語学習が導入されることとなった．本文で述べたように，英語は日本語よりも読みの習得が難しい言語であり，日本語では読みの困難さが顕在化していなかった児童生徒でも，英語学習に際して初めて読みの困難さが明らかになる場合がある．また，母語の言語技能習得に困難があれば，第二言語習得においても弱さを示す(Sparks et al., 2012)．したがって，英語の読みに困難さを示す児童生徒は従来より早期の段階から顕在化すると懸念され，その早期発見，早期支援は今後の重要な教育的課題となると考えられる．

そこで筆者らは，認知神経心理学的情報処理モデルに基づいた英語学習のスクリーニング検査を作成し，児童生徒 1,218 名（小学校児童 536 名，中学校生徒 682 名）に集団で実施した（図 7.7 に課題例を示す）．その結果，英語の読みに苦手さを持つ児童生徒は約 6 ～ 10 ％の割合で存在することが明らかになった（Kamioka et al., 2022）．小学校段階では，文字認識や文字識別でつまずくことが多く，中学校段階では単語の語彙性判断（文字の綴りを見て，実在する単語かどうかを判断する）や単語と意味の連合（文字の綴りを見て，それが表す意味のイラストを選ぶ）が難しい割合が高かった．今後は，このような児童生徒への指導・支援の方法を開発することが求められている．

1．文字識別
左側（ひだりがわ）の大文字（おおもじ）が小文字（こもじ）になったものを選んで，丸（まる）でかこんでください．

B	p	s	d	b

2．語彙性判断
並（なら）んでいることばの中（なか）から，本当（ほんとう）にある英語（えいご）の単語（たんご）を見（み）つけて，
丸（まる）でかこんでください．

qirl	garl	girl

3．意味理解
左側（ひだりがわ）の英単語（えいたんご）の意味（いみ）を示（しめ）す絵（え）を選（えら）んで，丸（まる）でかこんでください．

soup				

図 7.7　英語のスクリーニング検査の課題例

第8章

高嶋由布子

手話の認知科学

◆ キーワード
手話言語，言語の創発，言語接触，写像性，国際手話，言語の習得開始年齢

　人間の自然言語には，音声言語のほかに手話言語がある．1960 年に手話も 1 つの言語だと主張したウィリアム・ストーキー（William Stokoe Jr.）の手話の音韻論研究から，1970 年代以降の手話の認知科学や文法研究，手話失語の研究を経て，2006 年，国連の障害者の権利条約に，手話も音声言語と同等の言語だと明記された．

　手話は，音声言語の単語を手指に置き換えたものと勘違いされたり，外国で指さしで欲しいものを伝えるようなジェスチャーでのコミュニケーションのように，言語が違っても普遍的に通じるものと間違えられたりする．このどちらもが見当違いである．一方で，国際手話というコミュニケーション手段もあり，ろう者同士での手話言語の写像性を活かした言語運用は注目に値する．

　また，聞こえない子どもたちに手話を早期から与える必要があることの裏づけになる第一言語習得の臨界期などの研究をはじめとする，手話の認知科学的な研究は，ろう・難聴者の言語的人権を保障するのに重要な役割を持つ．

第1部　現在までの流れ

第1節
「手話も言語である」という発見

　1960 年，ウィリアム・ストーキーは，手話も独自の体系を持つ二重分節性のある言語であることを「発見」して報告した（Stokoe, 1960）．音声言語の語彙が音素に分けられるように，手話単語も音素（ストーキーは phoneme（音素）にあたる新造語 chereme を提唱したが，現在の手話言語学では音声言語と同様の音韻論の語で呼んでいる）に分割でき，それら意味のない最小単位を組み合わせることで意味と対応する形態素ができ，それを文法的に並べることで命題を表す二重分節性を有する．この仕組みによって，大学の授業のような抽象的な議論にも申し分なく使える語彙や構文を生み出すことができる．この発見

から，手話は，人間の身体で再現できる範囲で表現するパントマイムと異なり，「今・ここ・私」を離れた出来事を含むあらゆることを他者に伝える言語であることが分かった．

　このストーキーの「発見」以降，様々な研究によって，手話が「言語」であることの裏づけが得られた．この結実として，2006 年採択の国連障害者の権利に関する条約で手話が言語であると定義され，日本の国内法でも，2011 年の障害者基本法の改正にあたって明記されるに至った．

　私たちが「言語」というとき，国レベルの公用語になっているような話者の多い大言語を地域方言と対比させて指すときもあれば，「動物の言語」などコミュニケーション手段一般を指すこともある．言語の科学的探究においては，「自然言語」は，ホモサピエンスに特異なものと位置づけられてきた．音声言語を自然に習得しない先天的な「ろう」だと，手話を用いる人もいる．それが，従来，多数派の人々が考えてきた言語と異なるため，「代替コミュニケーション」だとか，「場当たり的な意思疎通手段」だと下に見てしまう傾向があった．本章では，これらの偏見に対して，言語学，心理学など認知科学的な研究を行った人たちがどのような研究で偏見を払拭してきたのかをまとめていく．

　代替コミュニケーション手段とは，「正当な」コミュニケーション手段である音声言語の代わりに，手旗信号や，モールス信号，文字などの記号系で「代替」するもののことである．ある高等学校の国語教科書に，手話は「言語らしいもの」つまり，「ある単位が言語のある単位に対応するように構成されていますから，言語の補助ないし代用になり得るもの」（池上，1982：122）とした論考が掲載され，2012 年まで使用されていた（細谷，2014）．これに代表されるように，1960 年代より重要な発見が相次いだ手話言語学の展開が，この時期日本では，言語学者にはあまり知られておらず，この記載を回収しなかったことからも，それが重大な問題と捉えられていなかったことがうかがえる．

　手話には，日本語を手指で表す代替コミュニケーション手段である日本語対応手話と，日本語とは独立に成立した日本手話がある．池上（1982）の記述は，前者についてのみ扱っているのであれば正しい．これは，聾学校（聴覚特別支援学校）での教育において，今も用いられている．しかし同じ「手話」と呼ばれるものでも，日本手話は独立した言語である．手話を知らない人が，2 つを

区別できないことは仕方のないことだ．日本の文部科学省は 2020 年発行の『聴覚障害教育の手引』（文部科学省，2020）で，ようやく「言語」としての日本手話と日本語対応手話を区別するようになった．

1930 年から日本の聾学校では「手話」を禁止した時代が続く．戦後，日本語対応手話を始めたのは，栃木県立聾学校であり，1968 年に「手指法手引き」を作成し，教室に「手話」を再び持ち込んだ（栃木県立聾学校・栃木県ろうあ協会，1978）．この動きの中心となった，聾学校教師の田上らが出版した『手話のすすめ』（田上ほか，1983）は，当時の日本の手話認識を伝える本である．彼らは，手話を人工的に作り替えることができるものだとみなしていた．この手話の音声言語に合わせた「改変」が，教育，ひいてはろう者の言語使用全般に有効なのかについては，この時期，国際的な研究の進展に照らしても，まだ決着していなかった．

手話が世界共通のコミュニケーション手段だという素朴な見方は根強い．これは，手話が身振り手振りと同じ見た目なので，決まったコードがない場当たり的なコミュニケーション手段だという勘違いに基づいている．

「国際手話」は，異なる手話を使うろう者が集まったときに使うコミュニケーション手段である．しかし，その内実を知らない人たちに「世界共通言語」への取り組みとして受け入れられた．実は田上ら（1983）は，国際手話として選ばれた表現を覚えなければ効率よくコミュニケーションできない，と現実的な記述をしている．興味深いことに，この講談社現代新書の表紙には「国際共通語への可能性などを解きあかした」と過剰ともとれる宣伝文句が載っており，当時の手話への素朴な見方がうかがえる．今でも「なんで手話は国ごとに違うの？　方言もあるの？　世界共通だったら楽なのに」という，手話を言語として認識していない見解を述べる人に遭遇する．

手話に対する貧弱な誤った理解は，形を変えながら，偏見や差別的対応の根拠になってきた．そして，対応を変えないために，理由だけが変わっていくケースもある．例えば，現代の理解では，手話も言語なので，第二言語学習者が即座に習得はできない．これを理由に聞こえない子を持つ親に対して，教育者や耳鼻咽喉科医が，「親が手話を覚えて教えるのは大変すぎる」と手話を避けるように誘導することがある．かつては「手話は言語未満である」「音声言語の

習得の妨げになる」と考えられていたので進歩はあるのだが，結論は同じだ．

1880 年にミラノで開催された第 2 回国際ろう教育会議（International Congress on the Education of the Deaf: ICED）で，欧米の教育者は，聞こえない子どもにも，音声言語を習得させることができる，そのために手話使用を禁止しよう，と決めた．彼らは，聞こえない子どもたちに，口の動きや部分的にしか聞こえない声から音声言語を推察するのに集中させたいがために，「手話が音声言語の習得の邪魔となる」という．このミラノ会議での議決にろうの教育者は参加できなかった（Gannon, 2011）．日本でも 1930 年に公的にこの潮流に従い，口話教育は 100 年の「伝統」になった（クァク，2017）．第 21 回の国際ろう教育会議は 2010 年にバンクーバーで開催され，ミラノ会議の方針の全面的な撤回が表明されたのだが（第 21 回国際ろう教育会議，2010），国際的なろう・難聴児教育の方向性を変えたとはいいにくい．

手話がすぐに覚えられるような世界共通言語であったり，正当な「言語」には足りない代替コミュニケーション手段であったり，はたまた「身につけるのが大変」とされたり，という手話への誤解あるいは忌避行動がある．正しい理解が広まらないのは社会構造の問題かもしれない．

第 2 節
手話を話す「ろう者」の割合

手話を話す人は，聞こえない・聞こえにくい身体を持つ人が多い．特に自然言語としての手話は，以下で説明するが，ろう・難聴の子どもを集めると発生する，聴覚・音声言語と異なる視覚・空間モダリティの言語である．聴覚の障害は，加齢性難聴によるものが多い．WHO の基準（35 dB 以上）では，60 歳以上の 65％以上の人が難聴になる（WHO, 2021）．日本では，聴覚・言語障害の身体障害者手帳を持つ人が 34.1 万人に対し，65 歳以下は 9.7 万人である（厚生労働省, 2016）．WHO の基準より日本の身体障害者手帳取得の基準は厳しく，両耳 70 dB 以上しか聞こえないなどである．したがってこの数字は，補聴器をつけていなければ，耳元で大声で話されてもほとんど聞こえない人たちの数であり，聞こえに問題を抱えている人はもっと多い．

先天的な重度の難聴で，音声言語が自然習得できない人は 1,000 人に 1 〜 2 人の割合で生まれてくる．また，言語を獲得する前に聞こえなくなる人もおり，

これらが手話を第一言語として身につける人たちの中心である.

　難聴は潜性遺伝によるものが多く,聞こえない人が数世代にわたって同じ家系に生まれるのはまれである.親も手話を使うろう者だと,手話を母語として身につけるネイティブサイナー（native signer）となるが,こうした人は手話を使って生活している「ろう者」のうち 1 割に満たない（Mitchell and Karchmer, 2004）.また,風疹などの妊娠中の感染症や出生後の高熱,外傷,薬害で失聴する人もいる.感染症は,近代では,妊娠初期の風疹が多く,日本でも沖縄で 1964 〜 1965 年の風疹の流行によって,1 年に約 400 人の聴覚障害児が生まれ,聾学校の分校が 1 校増えたことがある（横山, 2013）.

　親も手話話者であるネイティブサイナー以外の,残り 9 割の聴覚障害児は聞こえる親のもとに生まれてくる.聞こえる人が手話を使えることはまれであるため,9 割の聴覚障害児が手話言語に触れ始める時期は,様々である.先天的な重度難聴でも手話を全く使わないで大人になることも少なくない.また,双方に聴覚障害があるカップルの子どもの多くは聴覚に障害がない.ろう者の親を持つ子は,children of deaf adults の頭文字をとって CODA（コーダ）と呼ばれる.彼らは,音声言語と手話言語両方を習得するバイモーダル・バイリンガルになることがある（Emmorey and McCullough, 2009）.ただし,手話に対する差別的な扱いを背景に,すべてのコーダが手話を話すわけではない.

　先天的疾患として,1/1,000 は決して少ない割合ではないが,コミュニティを作るには,疎である.記録は乏しいが,聞こえない人たちを集める者がときどきいる.例えば,オスマン帝国では,15 世紀ごろから王族が耳の聞こえない者を集めており,声を出さずにコミュニケーションをとれる小間使いとして重宝していたという（Miles, 2000）.

▌第 3 節
▌手話の「起源」の誤解と「発見」

　手話の「起源」とされることがある,フランスのド・レペ神父（Charles-Michel de L'Épée）は,18 世紀にろうの姉妹を教会へ連れ帰り,教育を施した.この際に手話を「発見」し,それを「改良」してフランス語に対応させるサイン（methodical sign）を考案した.これは日本語対応手話と同じ発想で,音声言語を表すために手話を改変するというものである.これを指してド・レペは「手

話を作った」人と誤って認識されている（国立特別支援教育総合研究所，2015）．ド・レペはすでにあった手話の改変を提案しただけであり，もともとこのろうの姉妹は「手話」を話していた．近代化によって，都市部の人口密度が高まり，聞こえない人が集まる場所ができて手話が存在していたようである（Lane, 1984［石村（訳），2000］）．ド・レペが手話を「作った」という解釈は，「手話は聞こえない子どもを集めると自然に発生するもの」という理解が欠けていることを示している．今でも教育の場面で，対応手話が重視されているからかもしれない．

　現在の「手話も「言語」だ」という国際的な認識に至るまでの物語は，ド・レペが1750年ごろに始めたろう教育が起点となる．彼が建てた聾学校は，ろう者の教育者，ローラン・クレール（Laurent Clerc；英語読みでクラークと書かれることがある）を輩出した．クレールは，ろう教育を志したトーマス・ギャローデット（Thomas Hopkins Gallaudet）に招かれ，北アメリカ大陸に，フランス手話の姉妹言語となるアメリカ手話をもたらした．1817年に，ギャローデットとクレールは，米国のコネティカット州にハートフォード聾学校を作り，ろうの子どもたちを集め，手話と書記英語の教育を開始した．さらにトーマスの息子エドワード・マイナー・ギャローデット（Edward Miner Gallaudet）は，1864年にギャローデット大学の前身となる国立聾唖大学を設立した．その約100年後の1960年，この大学（当時はギャローデットカレッジ）の英語教師だったウィリアム・ストーキーが，この大学の学生たちの使う「手話」が自然言語であることを「発見」した（Stokoe, 1960）．残念なことに，手話を使っていた学生たちも教員もすぐにはその価値を見出すことはなかった（Liddell, 2003）．

　こののち，1970年代に入ると，言語発達の著名な研究者であるロジャー・ブラウン（Roger Brown）のもとで学んだベルージとチョムスキーの薫陶を受けたクリマが，米国の西海岸サンディエゴのソーク研究所を中心に手話研究を発展させ，心理言語学，神経言語学の観点で，手話が自然言語である証拠を集め，潮流を生み出した（Klima and Bellugi, 1979；Poizner et al., 1987）．ソーク研究所に隣接するカリフォルニア大学サンディエゴ校（University of California, San Diego: UCSD）では，1983年にろう者の両親を持つろう者（ネ

イティブサイナー）であるキャロル・パッデン（Carol Padden）が博士論文を提出し（出版された本は Padden, 1988），アメリカ手話（American Sign Language: ASL）のネイティブサイナーによるアメリカ手話の研究が実を結ぶようになった．

　1988 年には，ギャローデット大学のキャンパスで，現役のろう学生たちが中心となってデフ・プレジデント・ナウ（Deaf President Now: DPN，今こそろう学長を）という運動を展開し，同大学初のろう者の学長を誕生させ，「ろう者の主権」を獲得した．アメリカ手話は，彼らにこの言語に支えられた「ろう者」というアイデンティティをもたらした（Sacks, 1989［佐野（訳），1996]）．

第 4 節
単位時間当たりの情報量

　ストーキーが手話を言語だと発見した 1960 年には，*Scientific American* に構造主義言語学の著名な研究者であるホケットが「言語の 13 の設計特性」の記事を発表している（Hockett, 1960）．この第 1 の特性が「音声・聴覚チャンネル」だった．当然今は，手話も自然言語であると認められているのだから，言語は「空間・視覚チャンネル」も認められるはずであるし，プロ・タクタイル・アメリカ手話（Pro-tactile ASL）という触手話を独自の体系として研究する時代になってきており，「空間・触覚チャンネル」も加える時代になった（Edwards, 2014）．

　「手話」に対する誤解として，手指のみを動かして言語内容を伝えるというものがある．1972 年に *Cognition* の創刊号に載ったベルージとフィッシャーの論文（Bellugi and Fischer, 1972）は，同じ命題を伝える長さは，手話言語も音声言語と変わらないことを示したものだった．手話の単語は，音声単語よりも長く時間を要するが，命題を表すとき，単位時間当たりの情報量は変わらない．この研究の被験者はアメリカ手話と英語のバイリンガルであるコーダであった．手話言語の文法，特に非手指要素，形態素の抱合（incorporation）がこの時間効率に影響しているという．こののち，非手指要素について同じ研究コミュニティで研究がいくつも行われた（Baker and Padden, 1978；Liddell, 1978）．顔や体の動きで表される非手指要素は，文のあらゆる場所に現れる．

文末について，その文が平叙文か疑問文かを区別する文法標識（marker, マーカー）となるのは，頭の動きであるが，目の動き，つまり視線の向きや，見開いたり目を細めたりすることも様々な役割を担う．

　田上ら（1983）は，音声が人類言語に選ばれた理由は，手指を動かすのには，舌の動きや喉の開閉よりも大きな筋肉を使っているため，時間がかかるからだろう，と素朴な意見を述べる．彼らの提案した「同時法」つまり，日本語を話しながら手話単語を同時に表す日本語対応手話を使おうとすると，確かに時間がかかる．手話言語では動詞の項構造は動きや手の向きで表されるのに，対応手話ではさらに助詞に相当する手指動作（指文字や指導用の新しいもの）を付与するという二度手間もあるし，2つの記号系を同時に使う認知的負荷もあるからだ．

　同時法を含む対応手話では，手指も動かすが，口は音声言語の動きに一致する．声で話しながら，手指単語を表出するのは，シムコム（Sim-Com: simultaneous communication）とも呼ばれ，音声が必要な人，手話が必要な人双方に同時に情報が届けられるとして，音声言語を第一言語とする聴者や難聴者に用いられている．これらを使う人はたいてい，音声言語で考え表出しているので，受け手は音が聞こえなくても，口の形から音声言語を頭の中で構成して理解するようだ．手指を動かす分余計にエネルギーが必要であり，かつ非手指要素を使わない．2つの記号系を同時に使うため，手指要素の表出ミスや抜けもあり，運用が難しいことはリデルも説明している（Liddell, 2003: 2）．

第5節
手話の写像性と言語接触

　手話が世界共通語になり得るのかという話と，それを支えるであろう写像性（iconicity；類像性とも訳される）は，一大トピックである．写像性は手話言語のいたる所で観察されるので，手話研究者は写像性を無視することができないのは事実だ（Taub, 2001）．手話は写像性が高いが故に，慣習化した語彙が乏しく，イメージに結びついた語は表出する効率が悪いというのが田上ら（1983）の時代の，現在から見れば誤った見解であった．

　こうした当時の見方に対し，ベルージとクリマは，VERY-SLOW は SLOWより速く調音されるので，手話はイメージを写像したものではないと主張した

(Klima and Bellugi, 1979). のちにウィルコックスは, VERY の意味を表すために, 動きを速くするという記号操作があるが, 動きが速いというのは, 知覚的に目立たせるはたらきがあり, 他の形容詞でも動きを速く調音することで程度がより甚だしいことを意味する. よってこの動きの変化は写像的な動機づけを持つものだとまとめ直した (Wilcox, 2004). 彼は, 写像性は動機づけであり, その概念から喚起されるイメージの一部が, 慣習的に意味と組み合わさって記号となるとした.

　例えば, 図8.1 (a) 日本手話の犬は, 頭の両横で指をすべてつけた手を掲げて立っている耳を表すが, (b) アメリカ手話では, 指を2回鳴らす, あるいは太ももをはたいてから指を鳴らす, (c) アルゼンチン手話は一本指を横に振って, 犬が尻尾を振る様を表す. 語の写像的な動機づけが分かると納得できるが, 日本手話の「犬」を見るとき, 大半の日本人は子どものお遊戯の「うさぎ」だと思うだろうし, アメリカ手話の「犬」は, 「ウェイターを呼ぶ」, アルゼンチン手話の「犬」は「メトロノーム」だと思うかもしれない.

　手話の写像性が, 普遍的なコミュニケーション手段の基盤になり得るかということは, この「説明されれば動機づけは分かるが, 手話の形のみからそれを推察するのは困難」ということで説明ができる. もちろん, 誰が見ても意味がとれる（透明性が高い）ものもないわけではない. 例えば数字の1, 2, 3であれば, 指を1〜3本立てているというのがほとんどである (Sagara, 2014).

　写像性のおかげで手話言語間の言語接触は音声言語間より効率がよいかもしれないという仮説に基づいた, 国際手話をめぐる動きを捉えておこう. 母語とする手話言語が異なるろう者が交流するイベントは, 19世紀の国際ろう教育会議のころからあり, ろう者同士だと, 異なる音声言語を話す話者同士より効

(a) 日本手話の犬	(b) アメリカ手話の犬	(c) アルゼンチン手話の犬

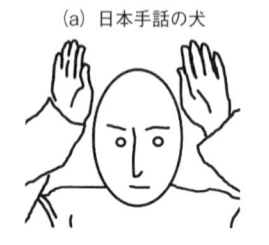 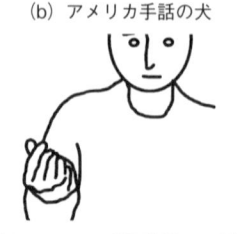 

図8.1　3つの手話言語での「犬」

率的に意思疎通が図られることが知られていた．1975 年には，イギリスろう協会（British Deaf Association, 1975）が，国際的に共有できる，写像性が高く，見て意味が分かる透明性が高いと思われる表現を選んで，手指単語の辞書を作った．これはジェスチューノと名づけられた．しかし，透明性の高さで選ばれたという語彙も，やはり知らないと意味が分からない──慣習的に意味と結びつけて覚えていない──ために，この辞書作成の試みは続かなかった．結局，国際手話も，ある程度単純化したり，写像性を活かしたものといっても，学習なしに使えるわけではなかった．

　現在でも，国際的なデフスポーツイベントや会議などで，「国際手話（International Sign）」が用いられている．国際手話の通訳者は 2015 年より，世界ろう連盟と世界手話通訳者協会が合同で認定しており，国際手話と音声英語や書記英語との行き来ができる聴者・ろう者の通訳者が全世界で 42 名認定されている．十全な言語としての手話（fully-fledged sign language）ではないために，2003 年の世界ろう連盟の会議で末尾に "language" をつけないことになった（Mesch, 2010）．その領域特有の最低限の語彙を使う，ある程度慣習化された体系のものがあるので通訳も可能だが，現場での接触を重視するコミュニケーション手段としての運用が基礎にある．スパラとウェブ（Supalla and Webb, 1995）は，国際手話はピジン（混成言語）の一種だと解釈した．しかし，特定の 2 つの言語の混成言語でないために，ピジンの典型からは外れ，近年は言語接触によって生じる調整の過程を含めて，クロスサイニング（cross-signing；translanguaging と同じく "ing" がつくことでダイナミックなものであるという含意がある）と呼ぶようになった（Rosenstock and Napier, 2015）．

第 6 節
手話が生まれる

　1970 年代以降，聞こえない子どもが手話を生み出すことについても，研究が進められてきた．スーザン・ゴールディン＝メドウ（Susan Goldin-Meadow）は，手話を教えられていない子どもたちが，親と異なるジェスチャー体系を使って親や身近な人とコミュニケーションをとっていることを発見し，それをホームサインと呼んだ（Goldin-Meadow and Feldman, 1977）．この体系が，親が使う言語やジェスチャー体系と異なる語順を持ち，互いに交流がな

い子どもたちが類似した構造のホームサインを使っていることから，子どもが生み出すものであることが示唆された（Goldin-Meadow et al., 2007）.

　ホームサイン研究に加えて，手話が言語学へインパクトをもたらした「事件」はニカラグアで起こった．1979年，中米のニカラグアで政権交代が起こり，1980年にはマナグア聾学校ができ，それまで教育を受けてこなかったろう児が集められた．教師はスペイン語を使っての教育を試みていた．しかし，子どもたちはいつの間にか手話で話していた．そこで，手話言語学者が呼ばれて記録をとった．アン・センハス（Ann Senghas）は，この過程を報告している（Senghas, 1995）．第一コホートと呼ばれる初期に集まった子どもたちは，すでに10代の子どもも多かった．それまで家庭で用いていたホームサインを持ち寄り，語彙は収束していった．しかし文法は，相手に伝えるためには十分であっても，効率的ではなかった．彼らの後に聾学校に入ってきた第二コホートの子どもたちは，言語獲得で最も重要な時期にある，より若い子どもたちであった．第二コホートは，第一コホートの視覚的なコミュニケーションをインプットにしたが，見たまま事態を表現するようなパントマイム的要素が減り，離散的な表現が増えた．つまり，1つの動きに1つの意味が対応するようになっていった（Senghas and Coppola, 2001；Senghas et al., 2004）.

　このように生まれたニカラグア手話は，ほんの30年の間に，他の言語と遜色のない複雑さを擁する言語になった．これが現代に観察された意味は大きかった．スティーブン・ピンカー（Steven Pinker）など生成文法学派の心理学者は，「頭の中の文法」の裏づけとしてこの結果を歓迎した.

　一方，ホームサインがあることは，人間には，有効なインプットが乏しくても，コミュニケーションをする生得的な能力や動機づけが備わっていることを示している．2022年の国際手話言語学会の基調講演で，マリー・コッポラ（Marie Coppola；Coppola, 2022）は，世界の7割の手話話者がホームサイナーだろうと述べた．ろう教育が発展しなければ，大きな手話集団は発生しにくく，その集団に属さないろう・難聴者の方が多いのである．今日でも，多くのホームサインは生まれては消えていく運命にある.

第 7 節
手話の認知神経科学

　手話が言語だと認められるにあたって重要になった研究は，理論言語学に基づいた研究だけではない．特に手話失語を発端とした言語の神経メカニズムの研究は 1980 年代から注目された．ソーク研究所のグループは，1987 年にモノグラフを出版した（Poizner et al., 1987）．

　この研究では，6 歳以前から手話を日常的に流暢に使っていたろう者で，一側性の脳卒中にて失語症を呈していると思われる 6 人を選定している．3 人は左半球，残りの 3 人は右半球の損傷であった．それまでも，聴覚障害者の失語症の研究がなかったわけではないが，その時点での最新の手話言語の理解に基づき，習得開始年齢が手話使用に影響することも把握した上での被験者の選定が行われたのが画期的だった．

　機能的磁気共鳴画像（functional magnetic resonance imaging: fMRI）などの脳計測手法の解像度が高まった現在では，健康な脳を持つ人での実験も可能だ．しかし，当時はまだ，脳のどの部位がどのようなメカニズムを担っているか研究するには，外傷あるいは脳卒中によって特定の脳の部位が機能しなくなったとあらかじめ分かっている失語症の患者を研究するという伝統的な神経科学の方法がとられていた．彼らは手話も音声言語と同じ脳メカニズムで理解・産出されていることを示した．それまで手話は，視覚的な言語であるから，空間認識に寄与する右半球で，ジェスチャーや絵のようなものと同じように処理されているとも思われていたが，音声言語と同じ左半球の損傷で，音韻や文法の処理ができなくなることを示した．こうした言語的構造の処理が，モダリティ（視覚，聴覚などの感覚様式）に依存しないことは，重要な発見であった．そして，言語を処理する器官が共有されていることにより，手話が「音声言語の代替品」や「絵のような伝達様式」ではなく，モダリティが異なるだけの同じ言語であるという確信を示したのである．

　これ以降も，計測技術の向上を背景に，手話の認知神経科学的な研究は精力的に進められている（MacSweeney et al., 2008；Sakai et al., 2005）．

|||||||||||||||||||||||||||||||||||　**第 2 部　今後の展望**　|||||||||||||||||||||||||||||||||||

第 8 節
手話の習得開始年齢

　自然言語としての手話は，教育の場にろう児が集められるところに発生する．ゆえに手話言語の消滅危機は，聾学校にろう児が集まらなくなり，言語継承の場が途絶えることで，現実となる．また，ろう者同士の結婚によって，ネイティブサイナーが生まれてきたが，その出会いの場である聾学校がなくなることによって，手話を家庭環境で母語として獲得する人が減るだろう（高嶋，2020）．

　アレクサンダー・グラハム・ベル（Alexander Graham Bell）は，電話を発明した偉人だが，ろう者の歴史の中では，抑圧者として語られる人物である．彼は，指文字を流暢に使い，難聴の妻を持ち，ろう・難聴児の教育に熱心だった．聞こえなくても声で話せるという口話教育を推進し，聾学校にろう児集団があることによって手話が継承されていることをよく知っていた．聾学校で子どもたちが出会って結婚し，次の世代に遺伝性の「ろう」が引き継がれ，ろうという人種（a Deaf Variety of Human Race）が生まれる．これを防ぐため，聾学校は解体し，ろう児は聞こえる子どもに混ざって教育を受けるべきだと彼は主張した（Gannon, 2011）．

　現代では，補聴器の進化版である人工内耳によって，聞こえない身体に音を届けることが可能になった．ベルが望んだように，ろう児集団がなくなれば手話を継承する場が乏しくなる．いよいよ聾学校を中心とした都市型手話は消滅危機言語化している．

　さて，近年，国際的な手話言語学の一大トピックとなっている研究は，手話の習得開始年齢（age of acquisition: AoA）の研究である．

　日本では，「言語習得の臨界期（critical period）」（Lenneberg, 1967）がファッション的に語られる．国際化を指向する時代にあって，早期からの方が抵抗感なく外国語が身につけられるという親の期待から，特に（商業的な）英語教育で取り上げられる概念だ．この第二言語がネイティブレベルに到達する習得の「臨界期」は，年齢によって学習方略が違うことに起因するもので，あくまで臨界期仮説（critical period hypothesis）にすぎない．

　一方で，ろう・難聴児の言語発達に関する議論における「習得（あるいは獲得）開始年齢」の「臨界期」は，第二言語ではなく，「第一言語の臨界期」の研究である．レイチェル・メイベリー（Rachel Mayberry）は手話の習得開始年齢が 6 歳以前とそれ以降のろう者の手話話者の文法性判断や文復唱課題を行った（Mayberry and Eichen, 1991）．30 年間アメリカ手話を流暢に使っていて，会話に問題がないように見えても，習得開始年齢が 6 歳以降のように遅いと，親もろう者で生まれたときから手話習得が開始されるネイティブサイナーと比べると，運用レベルが異なるということが明らかになった．

　彼女の研究で，ろう・難聴児教育への強い示唆を与えたのは，第二言語として英語を身につけるレベルの上限も，第一言語である手話の習得開始の遅れの影響を受けることを示した研究である（Mayberry and Lock, 2003）．聴者の親を持つろう・難聴児に，音声言語を習得させようと努力しても，なかなか音声言語が習得されず，聾学校の小学部，あるいはもっと後に聾学校に入ってアメリカ手話を習得した場合，完全にアクセスできるアメリカ手話だけでなく，英語をその後に改めて身につけても，遅れて習得し始めた第一言語が低くとどまり，第二言語の英語もそれと同様に低くとどまってしまうというのである．

　生後しばらくは聞こえていて流暢に音声英語が使えるようになった人であれば，第二言語としてアメリカ手話を 6 歳以降に習得し始めても，これは第二言語としての習得になるので，異なった結果になる．同様にアメリカ手話のネイティブサイナーの場合，第二言語としての英語は，問題なく読み書きできる人もいれば，あまりできない人もいる．とてもできる人は，日本語母語話者が一生懸命子ども時代から英語を学んだそれと同じであり，あまりできない人の例は，第二言語としての英語が苦手な日本人（たいていの人がそうだ）でも，日本語の文法は問題なく身についている，というのと同様の現象だ．しかし，音声言語を第一言語とする言語習得に関しては，先天的な聴覚障害では，ほとんどが定型発達とは異なるプロフィールを持つ．聴覚入力に困難がある，つまり知覚できない，しにくい音声言語を流暢に習得できる人は少ないからだ．このために，手話話者の大人や手話研究者は，手話の習得を優先すべきだと主張してきた．そして，その裏づけとなる研究テーマである AoA の研究は，今もまだ解決していない社会問題への示唆をすべく，現在も熱心に進められている．

近年は，神経言語学的な証拠も得てきており，できる限り早期からの手話の習得が重要だと考えられている（Mayberry and Kluender, 2018）.

　こうした科学的研究と人権論などを根拠に，子どもが手話で育つ権利について，ろう研究者が国際的なグループを作り，いくつかの観点で論文を複数の分野の学会に提出している（Humphries et al., 2013；Napoli et al., 2015）. 日本では，手話での早期教育（療育）に関する議論はまだ始まったばかりである（高嶋・伊藤，2023；高嶋・杉本，2020）.

第 9 節
手話と音声言語間の翻訳研究と語用論

　手話の語用論的な特徴について，手話通訳養成の観点では，経験則がいくつか共有され，研究もされている（Hoza, 2007）. 日本でも米国でも「手話は直接的，音声言語は間接的」という言説が優勢である. 確かにそのような一面がないわけではない.

　例えば，日本語話者は，目上の人が話を切り上げてくれないとき，目下の者に話を切り上げる権限はないと考える. そのため，不自然なポーズを入れたり，何らかの遠回しな質問をしたり，いざとなれば「すみませんが……」と謝るなど，話を切り上げるために腐心する. 一方で，ろう者は相手が目上の人であっても［ここまで　終わり　かまわない］（終わってもよいですか）と質問をして切り上げることにためらいがない. これを，坂田ら（2008）は，手話通訳者が「終わってもよいですか」と日本語に訳すのではなく「そろそろお時間ですので」と言うべきだと書いている. 言い方だけで緩和できる部分もあるが，そもそもその場で言うべきでない内容だった場合どう訳すかは，通訳にとって難しい問題である.

　日本語の特徴の 1 つに，敬語体系が発達しているということがある. 吉岡（2013）は，日本手話にも敬語があるのかという研究を行い，姿勢（非手指要素）や間接発話などがあることを明らかにした. ただし，日本語や韓国語のように文法化された単語がないことで，米川（1984）は，当時の考え方で，日本手話が発展すればそうしたものができるべきだとしたが，非手指要素に組み込まれているものが，日本語の敬語文化と一致していると考えるべきか否かはまだ解決していない問題である.

　聴者の目からすれば，ろう者の話し方は親しい親戚や友人のような距離感の
コミュニケーション様式である．ろう者コミュニティそのものが，狭い人間関
係に基づいたものだからだと考えてもよいだろう．聾学校は，各県に 1 ～ 2 校
しかなく，寄宿舎が設置されていた．寄宿舎は減少しているが，こうした共同
生活を経験したろう者は多く，同じ聾学校であれば家族，近隣の聾学校であれ
ば親戚のような距離感であるというアナロジーは成立し得る．一方で，近年は
聾学校からの大学進学率も向上し，全国から異なる出身のろう学生が集まる全
日本ろう学生懇談会の活動も盛んである．このため，近隣のろう者コミュニティ
で閉じていた文化が，別の聾学校から来た人たちとの関わりによって，親戚以
上の距離感でのレジスター（社会的な言語使用領域によって変わる言語様式）
が増えているかもしれない．

　手話が敬語を欠いているわけではないが，直接的な言い方を好む文化である
ということは，ともすると「言語発達が非典型の人が多いから」という説明が
されるかもしれない．実際，聴覚障害のある人は心の理論の発達が非典型であ
るということが示されてきた．米国の調査では，ネイティブサイナーでは定型
発達相当だが，口話・手話で育つ聴者の親を持つ子どもはそうでないことが分
かっている（Schick et al., 2007）．一方で，日本のろう・難聴児を対象にした
大規模調査は藤野ら（Fujino et al., 2017）が行っているが，一般に 4 ～ 6 歳で
通過する一次誤信念課題で，10 歳で 6 割の通過率を示している．日本の調査は，
明らかな発達障害の重複などは対象群から除かれているので，確かに聴覚障害
児の心の理論の発達は遅れる傾向にあるといえる．よって「言語発達が非典型
の人が多いから手話話者は直接的な言い方を好む」ことを示すには，言語発達
が典型的であるとみなされるネイティブサイナー同士の会話が標準的にどのよ
うなのか，言語発達が非典型的な人に対してネイティブサイナーがどのように
振る舞うのか，そして，非典型的な人同士がどのように振る舞うのかという段
階を経て接近しなければならず，因果関係はいまだ不明である（高嶋，2023）．

第 10 節
機械翻訳より人手の翻訳

　高齢の未就学ろう者を除いて，たいていのろう者は，第二言語として周囲の
多数派言語の書記形態を習得している．よって，簡単なやりとりであれば，指

さしや筆談で事足りることが多い．現在では，音声認識技術によって，ある程度音声で話される情報を得ることも可能だ．そのような時代にあっては，ややこしい話になるからこそ，手話通訳者が必要とされる．

例えば，対象者がきちんと理解して自己決定することが重要な高度な医療的選択場面などがそれにあたる（皆川ほか，2022）．第二言語としての日本語では，正しく内容がつかみにくく，分からなければやりとりを重ねて理解を共有する現場である．日常生活の，聞き間違いや誤訳があってもやりすごせる場面と重みが違う．第二言語で行うには心理的負担が大きいものこそ，第一言語で行われるべきで，高い技術を持った通訳が必要となる．

手話通訳は養成コストに対して，受益者が少なく，機器で代替したいという経済的な動機づけがある．手話の機械翻訳については，日本でも1990年代後半から工学系の研究があり，四半世紀の成果として，簡単な定型表現を組み合わせる天気予報程度であれば，ある程度は実用化されつつある．

手話のコーパス構築は，来る10年後の手話自動認識や機械翻訳のために行われている側面がある．例えば，オランダ手話のコーパス NGT Corpus（章末文献参照）は現在までに100人以上の手話話者のデータを採録し，アノテーションをつけているし，ドイツ手話については12地域から330人のデータを採録しているという（IDGS，章末文献参照）．

実際のところ，指さしや筆談で済まない場面に関しては，自動翻訳機が役に立つようになるのはまだ先の話だろう．一方，国連の障害者権利条約委員会から日本手話を公用語化せよという勧告がある（United Nations, 2022）．通訳が必要な場面の自動翻訳の実現の前に，手話で生活する権利を保障するために，重大場面に備えた難しい知識の良質な翻訳が必要だ．ここでの翻訳は，即時性が要求される通訳に対して，時間をかけて表現が選択されたものをいう．人手による手話翻訳データが積み重なれば，のちに「役に立つ自動翻訳」への道も開けるだろう．

現在，どのような手話翻訳がろう者に適切かについても，検討が始まったばかりである．例えば，がん資料について，皆川ら（2022）は，一般患者向けに書かれたがん冊子を日本手話に翻訳するにあたって，さらに情報を足す必要があったことをまとめている．元の資料も，一般の日本人向けとして十分に検討

されている．それでも元資料に掲載されている図解だけでは不足だと，新たな図を足したり，日本語では十分と思われた文言が抽象的で誤解を生むとして，具体的な内容を調べて付け足したり，文字で書かれた単語や手術の方式の翻訳をするのに，医学書を参照して身体部位を正しく表出したりする工夫が必要だった．つまり，ろう者に必要な視覚的イメージや，日本語のコミュニティに比べて共有されていないと思われる文脈情報を足すことが必要なのである．どの情報をどのくらい付け足すべきかは，人手による翻訳や通訳を行い，フィードバックを得るという実践知の積み重ねで明らかにしていくことが必要である．日本手話の社会的な位置づけがこのような段階にあることを踏まえて，コミュニティと関わりながら倫理的に研究を進められる体制を作ることが肝要である．

推薦図書

　世界的に著名な著者であるオリバー・サックス（Oliver Sacks）の邦訳（Sacks, 1989［佐野（訳），1996]）が，手話言語学の始まりから，その学問がギャローデット大学のデフ・プレジデント・ナウというろう者の公民権運動に至る経緯をまとめており，必読書である．日本へ手話言語学の基礎を紹介した『日本手話で学ぶ手話言語学の基礎』（松岡，2015）と，国内の日本手話の研究を集めた松岡・内堀（2023）は，手話言語学で現在進行中の研究課題について詳しく日本語で読める本になっている．

　絶版になっていたが近年再刊された『みんなが手話で話した島』（Groce, 1985［佐野（訳），1991［2022]]）は，言語と「障害」について考えるのに重要な文献である．手話の認知科学の起源は Klima and Bellugi（1979）にあり，脳神経科学との接点は Poizner et al.（1987）［河内ほか（訳），1996］が古典である．この2冊は言語の認知科学に携わる研究者であれば，一度は目を通してほしい．

文　献

Baker, C. and Padden, C. A. (1978) Focusing on the Nonmanual Components of American Sign Language. In P. Siple (ed.) *Understanding Language through Sign Language Research*, pp. 27-57, Academic Press.

Bellugi, U. and Fischer, S. (1972) A comparison of sign language and spoken language. *Cognition* **1**: 173-200.

British Deaf Association (1975) *Gestuno: International Sign Language of the Deaf*, British Deaf Association.

Coppola, M. (2022) How interacting minds make language: The creative forces behind homesign, sign languages, and all human communication. Plenary Lecture at TISLR 14

(Theoretical Issues in Sign Language Research14), National Museum of Ethnology, Osaka.

第 21 回国際ろう教育会議 (2010)「バンクーバー 2010 声明」日本語訳 (財団法人全日本ろうあ連盟)
https://www.mext.go.jp/component/b_menu/shingi/giji/__icsFiles/afieldfile/2010/09/08/1297399_1.pdf (最終アクセス日：2024/2/9)

Edwards, T. (2014) From compensation to integration: Effects of the pro-tactile movement on the sublexical structure of Tactile American Sign Language. *Journal of Pragmatics* **69**: 22-41.

Emmorey, K. and McCullough, S. (2009) The bimodal bilingual brain: Effects of sign language experience. *Brain Lang* **109**(2-3): 124-132.

Fujino, H. et al. (2017) Theory of mind and language development in Japanese children with hearing loss. *Int J Pediatr Otorhinolaryngol* **96**: 77-83.

Gannon, J. (2011) *Deaf Heritage: A Narrative History of Deaf America*, Gallaudet University Press.

Goldin-Meadow, S. and Feldman, H. (1977) The development of language-like communication without a language model. *Science* **197**: 401-403.

Goldin-Meadow, S. et al. (2007) How children make language out of gesture: Morphological structure in gesture systems developed by American and Chinese deaf children. *Cognitive Psychology* **55**(2): 87-135.

Groce, N. E. (1985) *Everyone Here Spoke Sign Language: Hereditary Deafness in Martha's Vinyard*, Harvard University Press.［佐野正信 (訳)(1991)『みんなが手話で話した島』築地書館［早川書房，2022].］

Hockett, C. F. (1960) The origin of speech. *Scientific American* **203**(3): 88-111.

細川美代子 (2014)「国語教科書における「手話」の扱われ方」『手話学研究』**23**：43-56.

Hoza, J. (2007) *It's Not What You Sign, It's How You Sign It: Politeness in American Sign Language*, Gallaudet University Press.

Humphries, T. et al. (2013) The right to language. *J Law Med Ethics* **41**(4): 872-884.

IDGS. idgs.uni-hamburg.de (最終アクセス日：2024/2/21)

池上嘉彦 (1982)『ことばの詩学』岩波書店.

Klima, E. S. and Bellugi, U. (1979) *The Signs of Language*, Harvard University Press.

国立特別支援教育総合研究所 (2015)『特別支援教育の基礎・基本 新訂版—共生社会の形成に向けたインクルーシブ教育システムの構築』ジアース教育新社.

厚生労働省 (2016)「平成 28 年生活のしづらさなどに関する調査 (全国在宅障害児・者等実態調査)」
https://www.mhlw.go.jp/toukei/list/seikatsu_chousa_h28.html (最終アクセス日：2024/2/9)

クァク，ジョンナン (2017)『日本手話とろう教育—日本語能力主義をこえて』生活書院.

Lane, H. (ed.), Philip, F. (trans.)(1984) *The Deaf Experience: Classics in Language and Education*, Harvard University Press.［石村多門 (訳)(2000)『聾の経験—18 世紀におけ

る手話の「発見」』東京電機大学出版局.]

Lenneberg, E. H.（1967）*The Biological Foundations of Language*, John Wiley and Sons.

Liddell, S. K.（1978）Nonmanual Signals and Relative Clauses in American Sign Language. In P. Siple（ed.）*Understanding Language through Sign Language Research*, pp. 59-90, Academic Press.

Liddell, S. K.（2003）*Grammar, Gesture, and Meaning in American Sign Language*, Cambridge University Press.

MacSweeney, M. et al.（2008）The signing brain: The neurobiology of sign language. *Trends in Cognitive Sciences* **12**(11): 432-440.

松岡和美（2015）『日本手話で学ぶ手話言語学の基礎』くろしお出版.

松岡和美・内堀朝子（編著）（2023）『手話言語学のトピック―基礎から最前線へ』くろしお出版.

Mayberry, R. I. and Eichen, E. B.（1991）The long-lasting advantage of learning sign language in childhood: Another look at the critical period for language acquisition. *Journal of Memory and Language* **30**(4): 486-512.

Mayberry, R. I. and Kluender, R.（2018）Rethinking the critical period for language: New insights into an old question from American Sign Language. *Bilingualism: Language and Cognition* **21**(5): 886-905.

Mayberry, R. I. and Lock, E.（2003）Age constraints on first versus second language acquisition: Evidence for linguistic plasticity and epigenesis. *Brain Lang* **87**(3): 369-384.

Mesch, J.（2010）Perspectives on the concept and definition of International Sign. the World Federation of the Deaf.

Miles, M.（2000）Signing in the Seraglio: Mutes, dwarfs and jestures at the Ottoman Court 1500-1700. *Disability & Society* **15**(1): 115-134.

皆川　愛ほか（2022）「ろう者を対象にした医療情報の翻訳における課題―がん冊子の手話動画作成を通して」『日本ヘルスコミュニケーション学会雑誌』**13**：30-39.

Mitchell, R. E. and Karchmer, M. A.（2004）Chasing the mythical ten percent parental hearing status of deaf and hard of hearing students in the United States. *Sign Language Studies* **4**(2): 138-163.

文部科学省（2020）『聴覚障害教育の手引―言語に関する指導の充実を目指して』

Napoli, D. J. et al.（2015）Should all deaf children learn sign language? *Pediatrics* **136**(1): 170-176.

NGT Corpus. corpusngt.nl（最終アクセス日：2024/2/21）

Padden, C.（1988）*Interaction of Morphology and Syntax in American Sign Language*, Garland.

Poizner, H. et al.（1987）*What the Hands Reveal about the Brain*, MIT Press.［河内十郎ほか（訳）（1996）『手は脳について何を語るか』新曜社.］

Rosenstock, R. and Napier, J.（2015）*International Sign: Linguistic, Usage, and Status Issues*, Gallaudet University Press.

Sacks, O.（1989）*Seeing Voices: A Journey into the World of the Deaf*, The University of

California Press.［佐野正信（訳）(1996)『手話の世界へ』(サックス・コレクション）晶文社.］

Sagara, K. (2014) *The Numeral System of Japanese Sign Language from a Cross-linguistic Perspective*, University of Central Lancashire.

Sakai, K. L. et al. (2005) Sign and speech: Amodal commonality in left hemisphere dominance for comprehension of sentences. *Brain* **128**(6): 1407-1417.

坂田加代子ほか（2008）『驚きの手話「パ」「ポ」翻訳―翻訳で変わる日本語と手話の関係』星湖社.

Schick, B. et al. (2007) Language and theory of mind: A study of deaf children. *Child Development* **78**(2): 376-396.

Senghas, A. (1995) *Children's Contribution to the Birth of Nicaraguan Sign Language*, Massachusetts Institute of Technology.

Senghas, A. and Coppola, M. (2001) Children creating language: How Nicaraguan sign language acquired a spatial grammar. *Psychological Science* **12**(4): 323-328.

Senghas, A. et al. (2004) Children creating core properties of language: Evidence from an emerging sign language in Nicaragua. *Science* **305**: 1779-1782.

Stokoe, W. C. (1960) Sign language structure: An outline of the visual communication systems of the American deaf. *Studies in Linguistics: Occasional Papers 8*, Dept. of Anthropology and Linguistics, University of Buffalo.

Supalla, T. and Webb, R. (1995) The Grammar of International Sign: A New Look at Pidgin Languages. In K. Emmorey and J. S. Reilly (eds.) *Language, Gesture, and Space*, pp. 333-352, Lawrence Erlbaum Associates.

高嶋由布子（2020）「危機言語としての日本手話」『国立国語研究所論集』**18**：121-148.

高嶋由布子（2023）「語用論」菊澤律子・吉岡　乾（編）『Homō loquēns―しゃべるヒト』pp. 34-46. 文理閣.

高嶋由布子・伊藤理絵（2023）「ろう・難聴児の就学前教育と支援の現状と課題―社会性の発達に着目した"特別支援保育"のあり方の検討」『乳幼児教育・保育者養成研究』**3**：3-23.

高嶋由布子・杉本篤史（2020）「人工内耳時代の言語権―ろう・難聴児の言語剥奪を防ぐには」『言語政策』**16**：1-28.

田上隆司ほか（1983）『手話のすすめ』講談社.

Taub, S. F. (2001) *Language from the Body: Iconicity and Metaphor in American Sign Language*, Cambridge University Press.

栃木県立聾学校・栃木県ろうあ協会（1978）『手指法辞典』

United Nations (2022) Committee on the Rights of Persons with Disabilities, Concluding Observations on the Initial Report of Japan（障害者権利条約委員会　総括所見（2022 年 9 月 22 日）).

　　https://www.mhlw.go.jp/content/12601000/001001554.pdf（最終アクセス日：2022/11/29）

Wilcox, S. (2004) Cognitive iconicity conceptual spaces, meaning, and gesture in signed language. *Cognitive Linguistics* **15**(4): 119-147.

World Health Organization（2021）*World Report on Hearing.*
　　https://www.who.int/publications/i/item/9789240020481（最終アクセス日：2024/2/9）
横山正見（2013）「風疹による聴覚障がい学生の追跡調査—沖縄大学での学生生活を中心に」
　　『地域研究（沖縄大学地域研究所）』**11**：43-51.
米川明彦（1984）『手話言語の記述的研究』明治書院.
吉岡佳子（2013）「日本手話におけるポライトネス」『手話学研究』**22**：3-36.

索　引

編集者略歴

辻　幸夫
1989 年　慶應義塾大学大学院修了
現　在　慶應義塾大学名誉教授
主な編著　『ことばの認知科学事典』（大修館書店，2001 年），『認知言語学大事典』
（朝倉書店，2019 年），『新編 認知言語学キーワード事典』（研究社，
2013 年），『認知言語学への招待』（大修館書店，2003 年）など

菅井三実
1992 年　名古屋大学大学院修了
現　在　兵庫教育大学大学院学校教育研究科教授
主な編著　『社会につながる国語教室―文字通りでない意味を読む力』（開拓社，
2021 年），『人はことばをどう学ぶか―国語教師のための言語科学入門』
（くろしお出版，2015 年），『英語を通して学ぶ日本語のツボ』（開拓社，
2012 年）など

佐治伸郎
2011 年　慶應義塾大学大学院修了
現　在　早稲田大学人間科学学術院人間科学部准教授
主な編著　『信号，記号，そして言語へ―コミュニケーションが紡ぐ意味の体系』
（共立出版，2020 年），『言語と身体性』（岩波書店，2014 年），『言語
と哲学・心理学』（朝倉書店，2010 年）など

シリーズ〈ことばの認知科学〉4
ことばと学び　　　　　　　　　　　　　定価はカバーに表示

2024 年 9 月 1 日　初版第 1 刷

編集者	辻	幸	夫
	菅 井	三	実
	佐 治	伸	郎
発行者	朝 倉	誠	造
発行所	株式会社 朝 倉 書 店		

東京都新宿区新小川町 6-29
郵 便 番 号　　162-8707
電　話　03（3260）0141
ＦＡＸ　03（3260）0180
https://www.asakura.co.jp

〈検印省略〉

教文堂・渡辺製本

ⓒ 2024〈無断複写・転載を禁ず〉

ISBN 978-4-254-51704-0　C 3380　　　　Printed in Japan

日本語大事典 【上・下巻：2分冊】

佐藤 武義・前田 富祺 (編集代表)

B5 判／2456 頁　978-4-254-51034-8 C3581　定価 82,500 円（本体 75,000 円＋税）

現在の日本語をとりまく環境の変化を敏感にとらえ, 孤立した日本語, あるいは等質的な日本語というとらえ方ではなく, 可能な限りグローバルで複合的な視点に基づいた新しい日本語学の事典。言語学の関連用語や人物, 資料, 研究文献なども広く取り入れた約3500項目をわかりやすく丁寧に解説。読者対象は, 大学学部生・大学院生, 日本語学の研究者, 中学・高校の日本語学関連の教師, 日本語教育・国語教育関係の人々, 日本語学に関心を持つ一般読者などである。

日本語文法百科

沖森 卓也 (編)

A5 判／560 頁　978-4-254-51066-9 C3581　定価 13,200 円（本体 12,000 円＋税）

日本語文法を, 学校文法を入口にして初歩から専門事項に至るまで用例を豊富に盛り込みつつ体系的に解説。〔内容〕総説（文法と文法理論, 文法的単位）／語と品詞（品詞, 体言, 名詞, 代名詞, 用言, 動詞, 形容詞, 形容動詞, 副詞, 助動詞, 助詞, 等）／文のしくみ（文のなりたち, 態とその周辺, アスペクトとテンス, モダリティ, 表現と助詞, 従属節, 複合辞）／文法のひろがり（待遇表現, 談話と文法, 文法の視点, 文法研究史, 文法の変遷, 日本語教育と日本語文法）

敬語の事典

荻野 綱男 (編)

A5 判／704 頁　978-4-254-51069-0 C3581　定価 16,500 円（本体 15,000 円＋税）

従来の敬語の基本的な体系を丁寧に解説しつつ, さらに視野を広げて敬語の多様性にも着目した。日本語学を中心として, 対照言語学, 社会言語学の側面から, 幅広く多言語の敬語についても記述。具体的には, 敬語の歴史, 方言の敬語, 敬語の年齢差, 男女差, 敬語の職業差, 会社と敬語, 家庭と敬語など様々な場面と敬語, 外国語の敬語との対照, 敬語の調査, 敬語の教育法, 情報科学と敬語, 心理学など周辺分野との関連など, 敬語の総合的理解を得られるよう有用性を高めた事典。

俗語百科事典

米川 明彦 (著)

A5 判／344 頁　978-4-254-51068-3 C3581　定価 4,950 円（本体 4,500 円＋税）

改まった場では使えない（使いにくい）俗語の豊かな世界をテーマごとに楽しむ事典。言語学から見た俗語の定義・位置づけから, 知っているとちょっと自慢できることばの知識まで, 多彩な内容を収録。著者長年の俗語研究の集大成となる一冊。〔内容〕俗語とは何か／意味分野から見た俗語／媒体から見た俗語／造語法から見た俗語／集団から見た俗語／口頭語形の俗語／文献から見た俗語／俗語の語源・造語者／集団語から一般語になった俗語／消えた俗語／年別　新語・流行語一覧／他。

ことばのおもしろ事典

中島 平三 (編)

B5 判／324 頁　978-4-254-51047-8 C3580　定価 8,140 円（本体 7,400 円＋税）

身近にある "ことば" のおもしろさや不思議さから, 多彩で深いことば・言語学の世界へと招待する。〔内容〕I.ことばを身近に感じる（ことわざ／ことば遊び／広告／ジェンダー／ポライトネス／育児語／ことばの獲得／バイリンガル／発達／ど忘れ, など）　II.ことばの基礎を知る（音韻論／形態論／統語論／意味論／語用論）　III.ことばの広がりを探る（動物のコミュニケーション／進化／世界の言語・文字／ピジン／国際語／言語の比較／手話／言語聴覚士, など）。

実例で学ぶ英語学入門
―異文化コミュニケーションのための日英対照研究―

多々良 直弘・松井 真人・八木橋 宏勇 (著)

A5 判／176 頁　978-4-254-51072-0 C3082　定価 3,190 円（本体 2,900 円＋税）

身近な実例を使い，認知言語学・社会言語学・語用論の各分野にまたがって日英語対照研究を解説する言語学の入門書。アクティブラーニングで使える参加型の課題も。[内容] 言語学と英語学／事態把握と志向性／メタファーとは何か／他

英語上達 40 レッスン ―言語学から見た 4 技能の伸ばし方―

畠山 雄二 (編)

A5 判／200 頁　978-4-254-51065-2 C3082　定価 3,080 円（本体 2,800 円＋税）

英語の四技能「読む・書く・聞く・話す」を効果的に・理論的に上達させるための 40 レッスン。[内容] 英語とはどういう言語なのか／読解力を支える文法／調べて書く／母音と子音を正しく聞き取る／スピーキングの効果的な学習／他

正しく書いて読むための 英文法用語事典

畠山 雄二 (編)

A5 判／336 頁　978-4-254-51062-1 C3582　定価 5,500 円（本体 5,000 円＋税）

英文法用語を見開き2頁完結で明快に解説する。英語教師・英文科学生・上級学習者必携の一冊。[内容] 品詞／句／節／単文／重文／複文／肯定文／否定文／疑問文／仮定法／一致／意味上の主語／格／(不)可算名詞／非人称のit／序数(詞)／性／動詞とは／不規則活用／助動詞／時制 (テンス)／相 (アスペクト)／現在分詞／過去分詞／分詞構文／態 (ヴォイス)／否定／比較級／関係副詞／制限用法／等位接続詞／従位接続詞／倒置／強調／複合語／派生語／他

正しく書いて読むための 英語前置詞事典

畠山 雄二 (編)

A5 判／312 頁　978-4-254-51073-7 C3582　定価 5,500 円（本体 5,000 円＋税）

豊かな意味を持つ英語の前置詞 43 個を取り上げ，意味と機能，語法と用法，日本語などとの比較，歴史と文化を解説。全体を俯瞰するコラムも充実 [内容] about ／ above ／ across ／ after ／ up ／ with ／ within ／ without ／前置詞とは何か／他。

最新 理論言語学用語事典

畠山 雄二 (編)

A5 判／496 頁　978-4-254-51055-3 C3580　定価 8,140 円（本体 7,400 円＋税）

「言語学は，いったいどこに向かっているのか」80-90年代のような言語学の大きな潮流・方向性が見えない時代と世界。それでも，言語学が「行くべき道」は見えなくもない。その道を知るために必要となる言語学の最先端全200項目をそれぞれ2ページで解説する。言語学の巨大な森を見渡す事典。[内容] 認知言語学, 機能文法, ミニマリスト・プログラム, 形式意味論, 言語獲得, 生物言語学, 主要部駆動句構造文法, 言語哲学, 日本語文法, 構文文法。

ことばのデータサイエンス

小林 雄一郎 (著)

A5 判／180 頁　978-4-254-51063-8 C3081　定価 2,970 円（本体 2,700 円＋税）
コンピュータ・統計学を用いた言語学・文学研究を解説。データ解析事例も多数紹介。〔内容〕ことばのデータを集める／ことばを数える／データの概要を調べる／データを可視化する／データの違いを検証する／データの特徴を抽出する／他

Transformer による自然言語処理

Denis Rothman(著) ／黒川 利明 (訳)

A5 判／308 頁　978-4-254-12265-7 C3004　定価 4,620 円（本体 4,200 円＋税）
機械翻訳，音声テキスト変換といった技術の基となる自然言語処理。その最有力手法である深層学習モデル Transformer の利用について基礎から応用までを詳説。〔内容〕アーキテクチャの紹介／事前訓練／機械翻訳／ニュースの分析

情動学シリーズ 10 情動と言語・芸術 ―認知・表現の脳内メカニズム―

川畑 秀明・森 悦朗 (編)

A5 判／160 頁　978-4-254-10700-5 C3340　定価 3,300 円（本体 3,000 円＋税）
情動が及ぼす影響と効果について具体的な事例を挙げながら解説。芸術と言語への新しいアプローチを提示。〔内容〕美的判断の脳神経科学的基盤／芸術における色彩と脳の働き／脳機能障害と芸術／音楽を聴く脳・生み出す脳／アプロソディア

進化でわかる人間行動の事典

小田 亮・橋彌 和秀・大坪 庸介・平石 界 (編)

A5 判／320 頁　978-4-254-52305-8 C3511　定価 5,500 円（本体 5,000 円＋税）
「食べる」「考える」「結婚する」など，ヒトの日常的な行動について，主に行動の機能と進化史に焦点を当て解説した中項目事典。コラムや用語解説も盛り込み，人間行動進化学がヒトを観る視点について知ることができる。

広がる！　進化心理学

小田 亮・大坪 庸介 (編)

A5 判／192 頁　978-4-254-52306-5 C3011　定価 2,970 円（本体 2,700 円＋税）
進化生物学をベースにして諸分野をつなぐ横断的な研究が特徴の進化心理学について，諸分野との関連や研究成果の最新の知見を解説。〔内容〕進化心理学とは何（ではないの）か？／神経・生理／感情／認知／性／発達／パーソナリティ／社会／言語／文化／道徳／宗教／教育／犯罪／コラム（再現性／統計）。

言葉とコミュニケーション —心理学を日常に活かす—

邑本 俊亮 (著)

A5 判 / 160 頁　978-4-254-52033-0 C3011　定価 2,970 円（本体 2,700 円＋税）

言葉を介したコミュニケーションの心理学に関する入門書.

乳幼児の発達と保育 —食べる・眠る・遊ぶ・繋がる—

秋田 喜代美 (監修) ／遠藤 利彦・渡辺 はま・多賀 厳太郎 (編著)

A5 判 / 232 頁　978-4-254-65008-2 C3077　定価 3,740 円（本体 3,400 円＋税）

東京大学発達保育実践政策学センターの知見や成果を盛り込む.「眠る」「食べる」「遊ぶ」といった 3 つの基本的な活動を「繋げる」ことで, 乳幼児を保育学, 発達科学, 脳神経科学, 政治経済学, 医学などの観点から科学的にとらえる.

手を動かしながら学ぶ　神経心理学

柴崎 光世・橋本 優花里 (編)

A5 判 / 176 頁　978-4-254-52030-9 C3011　定価 3,080 円（本体 2,800 円＋税）

イメージのつきにくい神経心理学を, 動画や Web プログラム等のデジタル付録を参照して能動的に学べる入門書.〔内容〕神経心理学の基礎／脳の損傷に伴う高次脳機能障害／発達の過程で生じる高次脳機能障害／高次脳機能障害の評価と支援

手を動かしながら学ぶ 学習心理学

澤 幸祐 (編)

A5 判 / 136 頁　978-4-254-52032-3 C3011　定価 2,860 円（本体 2,600 円＋税）

教育・技能獲得や臨床現場などでも広く応用される学習心理学を, デジタルコンテンツを参照しながら能動的に学べる入門書.〔内容〕学習とは何か／馴化と脱馴化／古典的条件づけ／道具的条件づけ／選択行動／臨床応用／機械学習.

人物で読む心理学事典

サトウ タツヤ (監修) ／長岡 千賀・横光 健吾・和田 有史 (編)

A5 判 / 424 頁　978-4-254-52036-1 C3511　定価 8,800 円（本体 8,000 円＋税）

人名から引く心理学理論事典. 定番の人物だけでなく, 今まであまりとりあげられることがなかった人物や日本人も含めとりあげ, その人物および心理学の意義とおもしろさを伝える.〔内容〕スキナー／エリクソン／ヴント／パヴロフ／ピアジェ／フロイト／ユング／カニッツァ／カーネマン／河合隼雄／森田正馬／三隅二不二等

シリーズ〈ことばの認知科学〉1 ことばのやりとり

辻 幸夫・菅井 三実・佐治 伸郎 (編)

A5 判／208 頁　978-4-254-51701-9 C3380　定価 3,520 円（本体 3,200 円＋税）

認知科学における言語研究の基礎と流れを概観し，理論的・実証的研究の展開を解説。言語研究に考えを巡らせられる「ことばの認知科学」への誘い。〔内容〕ことばの認知科学概観／ことばと意図理解／ことばと対話の多層性／ことばと相互行為／子育てのことば／カウンセリングのことば／ことばと暗黙知／ことばとロボット

シリーズ〈ことばの認知科学〉2 ことばと心身

辻 幸夫・菅井 三実・佐治 伸郎 (編)

A5 判／184 頁　978-4-254-51702-6 C3380　定価 3,520 円（本体 3,200 円＋税）

認知科学における言語研究の基礎と流れを概観し，理論的・実証的研究の展開を解説。言語研究に考えを巡らせられる「ことばの認知科学」への誘い。〔内容〕ことばと主観性／ことばとマルチモダリティ／ことばと思考／ことばと感性／ことばと脳／ことばと知覚・情動／ことばと記憶／ことばと運動

シリーズ〈ことばの認知科学〉3 社会の中のことば

辻 幸夫・菅井 三実・佐治 伸郎 (編)

A5 判／192 頁　978-4-254-51703-3 C3380　定価 3,520 円（本体 3,200 円＋税）

認知科学における言語研究の基礎と流れを概観し，理論的・実証的研究の展開を解説。言語研究に考えを巡らせられる「ことばの認知科学」への誘い。〔内容〕ことばと社会／ことばと文化／ことばとユーモア／ことばと機械翻訳／ことばのコーパス分析／ことばとＡＩ／サブカルチャのことば／オンラインのことば

ことばを科学する ―理論と実験で考える、新しい言語学入門―

伊藤 たかね (著)

A5 判／224 頁　978-4-254-51074-4 C3080　定価 3,080 円（本体 2,800 円＋税）

言語学の入門テキスト。日本語と英語の具体例・実験例を見ながら，言語学の基礎理論とことばを科学的に理解する方法を学ぶ。〔内容〕ことばを操る／ことばを理論的に科学する／心と脳の働きを調べる／音／語の意味と構文／使役文／受身文／疑問文／話し手と聞き手／常識的な知識と意味／手話から見る言語の普遍性と多様性／他

認知言語学大事典

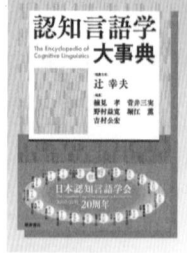

辻 幸夫 (編集主幹) ／楠見 孝・菅井 三実・野村 益寛・堀江 薫・吉村 公宏 (編)

B5 判／864 頁　978-4-254-51058-4 C3580　定価 24,200 円（本体 22,000 円＋税）

認知言語学理論と関連分野について，言語学研究者から一般読者までを対象に，認知言語学と関連分野の指導的研究者らがその全貌を紹介する。全52項目のコラムで用語の基礎を解説。〔内容〕総論(記号論／認知科学／哲学／他)／理論的枠組み(音韻論／形態論／フレーム意味論／他)／主要概念(カテゴリー化／イメージ・スキーマ／参照点／他)／理論的問題(A.言語の進化と多様性／B.言語の創発・習得・教育／C.創造性と表現)／学際領域(心理学／人類学／神経科学／脳機能計測／他)

上記価格は 2024 年 8 月現在